BASTEI
LÜBBE

Professor Dr. Heinz Ryborz wurde 1935 in Berlin geboren. Sein Studium der Naturwissenschaften, der Psychologie und Philosophie schloß er 1965 mit dem Doktorat ab. Danach war er in leitender Stellung in der Wirtschaft tätig. Seit 1973 hat er eine Professur an der Gesamthochschule Gießen inne.

Heinz Ryborz

Die helfende und heilende Kraft der SYMBOLE

Mit einem Lexikon
der Symboldeutung und mit
Imaginationsübungen

BASTEI
LÜBBE

BASTEI-LÜBBE-TASCHENBUCH
Band 60370

Lizenzausgabe im Gustav Lübbe Verlag GmbH, Bergisch Gladbach
Printed in Germany, Juni 1994
Einbandgestaltung: Manfred Peters
Titelillustration: Jeannette Stobie aus Argüelles, Das große Mandala-Buch,
Aurum Verlag, Braunschweig
Druck und Bindung: Ebner Ulm
ISBN 3-404-60370-2

Der Preis dieses Bandes versteht sich einschließlich
der gesetzlichen Mehrwertsteuer.

Meinem Freund Walter Zulauf gewidmet

Inhalt

TEIL I

Einleitung: *Warum Ihnen dieses Buch hilft*

Kapitel I: *Das Wesen des Symbols*

Kapitel II: *Selbsterkenntnis durch Symbole*

Kapitel III: *Die Symbolik des Lichtes und der Farben*

Kapitel IV: *Zahlensymbole*

Kapitel V: *Astrologische Symbole*

Kapitel VIII: *Symbol-Imagination*

Kapitel IX: *Wie Symbole Menschen helfen*

TEIL II

TEIL I

WARUM IHNEN

DIESES BUCH HILFT

EINLEITUNG

1. Weshalb dieses Buch Ihr Leben verändert

Dieses Buch kann die große Veränderung in Ihrem Leben bewirken. Denn Symbole verbinden Sie mit ungeahnten Kräften. Manche Menschen vermuten hinter den Symbolen eine Magie, so groß ist ihre wunderbare Wirkung. Wenn Sie Näheres über die Symbole wissen, dann verstehen Sie, wie jene wunderbare Kraft wirkt.

Jedes Symbol hat eine eigene innere Lebendigkeit. Das Symbol macht in Ihnen das lebendig, was es seinem Inhalt nach ist. Nicht der Verstand verbindet Sie mit dem Urquell in Ihnen. Es ist das Symbol, das die Brücke zum tiefsten Bereich in Ihnen schafft. Symbole verändern Ihr Leben zum Guten. Die helfende Kraft der Symbole führt Sie aus unangenehmen Erfahrungen heraus und bringt Sie zu Harmonie, Freiheit und Persönlichkeitsentfaltung. Das Symbol befreit jene gewaltigen seelischen Kräfte, mit denen Sie Ihr Leben neu gestalten können.

2. Das größte Wunder

In Ihnen ist der Geist Gottes oder, wenn Sie wollen, die Kraft des Universums oder das Urlicht. Der Geist bzw. das Licht hat keinen Anfang und kein Ende. Und im tiefsten Wesen sind Sie ewig.

Dieser Geist oder die Urkraft in Ihnen bleibt nicht

unsichtbar. Die verborgen wirkende Kraft des Geistes tritt aus dem Unsichtbaren hervor und wird im Bild des Symbols sichtbar. Es ist ein geheimnisvoller Prozeß, in dem sich Geistiges und Sinnliches zu einem Bild vereinen.

Ihre inneren Bilder sind Ausdruck der Bewußtwerdung des ewigen Menschen in Ihnen. Symbolische Bilder stehen im Dienst Ihrer Weiterentwicklung. Sie sind Ausdruck des Geistes, der in Ihnen lebendig werden will.

Die Menschheit versucht, den Weltraum zu erobern. Aber wegen der unendlich großen Entfernungen sind keine Fortschritte möglich. Daher müssen Sie Ihre Aufmerksamkeit nach innen richten, da bereits all das dort ist, was ein Mensch außen suchen kann. Symbole eröffnen Ihnen jene neue, faszinierende Welt. Wenn Sie mit einem Symbol eins werden, dann werden Sie Unaussprechliches erleben.

3. Warum Sie mehr über die Symbole wissen müssen

Sigmund Freud und C.G. Jung erkannten, daß die Symbole im Innern des Menschen nicht unterdrückbar sind. Es ist ein Bedürfnis unseres Geistes, sich in solchen Bildern zu äußern. C.G. Jung wies zu Recht darauf hin, daß sich in der Tiefe jedes Menschen sehr wichtige Lebensvorgänge abspielen, die von größter Bedeutung sind. Die Bilderwelt der Seele bricht irgendwann einmal über den

Menschen herein, der sich ihr auf Dauer verschließt. Das Wissen um die Symbole hilft Ihnen, Ihre seelischen Erlebnisvorgänge besser zu durchschauen.

4. Symbole verbinden Sie mit Ihrer tiefsten Kraft

Das Buch zeigt Ihnen Möglichkeiten, wie Sie Ihr Leben wandeln können. Es zeigt Methoden, wie Sie die großen Möglichkeiten des Symbols nutzen, um Ihre verborgenen Kräfte zu entfalten. Sie lesen erstaunliche Geschichten von Menschen, die sich mit der verborgenen Kraft der Symbole selbst halfen und heilten. Sie lesen die Berichte von Menschen, die mit der Kraft von Symbolen scheinbar Unmögliches erreichten. Sie erfahren, wie Sie sich von innen heraus ändern. Sie lernen Ihre verborgene Kraftquelle zu nutzen. Sie erfahren, wie Sie negative Gefühle wie Angst, Verzweiflung und Enttäuschung oder andere zerstörerische Kräfte überwinden. Das Buch zeigt Ihnen, wie Sie mit Ihrem inneren Ratgeber Kontakt aufnehmen. Die Kraft des Symbols verbindet Sie mit den Tiefen Ihrer Seele. Sie lernen die dynamische Kraft des Symbols zu innerem Wachstum zu nutzen, Symbole verhelfen Ihnen zu Gesundheit, Wohlergehen und Harmonie. So entfalten Sie Ihre Persönlichkeit und erreichen das, wonach Sie sich sehnen. Nutzen Sie die Macht des Symbols. Sie werden vielfachen Gewinn daraus haben.

DAS WESEN

DES SYMBOLS

KAPITEL I

1. Das Symbol und sein Geheimnis

Welche Vorstellung von einem Symbol haben Sie? Manche Menschen denken nur an eine symbolische Ausdrucksweise. Sie meinen, eine symbolische Sprache sei eine sehr unklare Aussage, da sie Inhalte vertusche. Das ist jedoch ein Irrtum. Wenn es nämlich um sehr feine Erfahrungen geht, wenn es sich um emotionale Vorgänge oder um sehr tiefe seelische Erlebnisse handelt, dann sind Sie sogar auf solche symbolischen Zeichen angewiesen. Sonst können Sie Ihre eigenen Erfahrungen nicht mehr zum Ausdruck bringen.

Alle Symbole sind zunächst in der sinnlich wahrnehmbaren Welt enthalten. Daher sagt zum Beispiel Martin Buber: »Kein Symbol hat echtes Sein im Geiste, wenn es nicht echtes Sein im Leibe hat.« Deshalb müssen Sie wieder Ihre Sinne schulen, wenn Sie die Ausdrucksmittel und die vom Symbol ausgelösten Erfahrungen begreifen wollen. Daher werden Sie im Buch auch Übungen kennenlernen, um Ihre Wahrnehmungsfähigkeit von Symbolen zu verbessern. Erst dann werden Sie die tieferen Ebenen eines Symbols in ganz anderen Dimensionen erfahren und be-greifen können.

Doch zurück zum Wesen des Symbols. Das Wort Symbol leitet sich ab vom griechischen »symballein«, das »zusammenwerfen« bedeutet. Doch was wird zusammengeworfen? Irdische Erscheinung und höhere

Wirklichkeit. Und so wird in der geistigen Betrachtung eines Symbols das sich dahinter verbergende geistige Urbild erfahrbar.

C.G. Jung definiert das Symbol als »Wesen und Abbild psychischer Energie«. Alle Interpreten sind sich darüber einig, daß hinter dem gegenständlichen, sichtbaren Sinn eine nicht sichtbare Bedeutung verborgen ist. Wir können sie auch als Energien sehr hoher Schwingungen oder, wie schon gesagt, als Formen geistiger Urbilder bezeichnen, die aus einer Dimension stammen, zu der nur Ihr höheres Selbst Zugang hat.

Jolande Jacobi sagt: »Symbole sind Gleichnisse des Unvergänglichen in Erscheinungsformen der Vergänglichkeit, beides ist in ihnen zusammengeworfen... Bis in die geheimsten Tiefen treibt das Symbol seine Wurzel.«

Symbole führen Ihr Bewußtsein über das Endliche und Begrenzte hinaus in das Reich des Unendlichen der höheren Wirklichkeit oder des Seins.

Das Symbol ist ein Mittler zwischen Unbewußtem und Bewußtem. Symbole aktivieren lebenswichtige Kräfte für Ihre Weiterentwicklung. Wenn Sie sie unterdrücken, dann verdrängen Sie Ihre Energie ins Unbewußte, was negative Folgen nach sich zieht.

Weshalb ist das so? Die psychische Energie des Symbols hat die Aufgabe, das Unbewußte zu intensivieren. Ist das möglich, dann sind die Folgen positiv für die Entwicklung Ihrer Persönlichkeit. Werden diese Tendenzen aber unterdrückt, dann verwandeln sie sich in Dämonen und fallen über den Menschen her, der die Kräfte nicht lenken kann. Negative Massenbeeinflussung zum Beispiel nutzt dieses Phänomen.

Unterdrücken Sie daher Ihre inneren Bilder nicht. Öffnen Sie sich Ihrem Strom. Setzen Sie sich mit den inneren Bildern auseinander, dann werden sie sich sogar wandeln.

Symbole schaffen eine Verbindung zu Regionen Ihres Seins, die Ihrem Verstand verschlossen sind. Symbole lehren Sie, direkt zu sehen und zu verstehen, wobei die Ebene des Denkens übersprungen wird, die hier nur eine Barriere darstellt.

Lernen Sie also Ihre eigene Tiefe über die große Bilderfülle kennen, die in Ihnen verborgen ist. Es ist die abenteuerlichste Entdeckungsreise, die Sie machen können. Danach wird Ihnen die Außenwelt in einem neuen Licht erscheinen.

»Geheimnisse sind Nahrungsmittel«, sagt schon Novalis. Sie führen Ihnen das zu, wonach Sie sich im tiefsten Herzen sehnen. Das Symbol ist ein solches Geheimnis, es macht Sie heil. Neue Dimensionen Ihres Seins erschließen sich Ihnen.

Das Symbol ist also weit mehr als nur ein Zeichen. Seinen unsichtbaren Kräften wohnt eine große Macht inne. Jedes Bild ist eine Variation des Urbildes. Mit der Bildwerdung im Symbol tritt die in Ihnen vorhandene unsichtbare höhere universale Kraft in Erscheinung, sie nimmt Gestalt an. Symbole verbinden Sie direkt mit Ihrem Tiefenbewußtsein, in dem der Erfahrungsschatz der gesamten Menschheit ruht.

Wenn der Mensch seine eigenen Sehnsüchte und Hoffnungen und Ideale ausdrücken will, dann bedient er sich der Bildersprache der Symbole. Das tut der Mensch auch in den Märchen und Mythen, auf die wir später noch eingehen werden. Solche Hoffnungsbilder sind aber auch bereits in Ihrem Inneren angelegt. Sie müssen sich ihnen nur öffnen.

Schon für Jesus wurde vieles aus der äußeren Wirklichkeit zum Symbol der ewigen Wirklichkeit. Seien es die Blumen auf dem Felde, der Weinstock und die Reben, der Berg, das Licht, das die Dunkelheit vertreibt.

Halten wir fest: Symbole sind mit psychischer, ja magischer Kraft aufgeladene Gebilde. In der Kraft der Bilder offenbart sich nicht nur unser höheres Selbst. Mit der Kraft der Bilder wirkt unser wahres Selbst heilmachend auf all unsere Daseinsebenen.

2. Symbole und Archetypen

C.G. Jung vergleicht den Archetyp mit einem alten Stromlauf, »in welchen die Wasser des Lebens lange geflossen und sich tief eingegraben haben«. Immer geht

C.G. Jung von einer Gleichheit der inneren und der äußeren Welt aus. Um zu verhindern, daß die Archetypen zu fixiert beschrieben werden, beschreibt C.G. Jung die Archetypen in symbolischen Annäherungen.

Er weist darauf hin, daß Sie – wie jeder Mensch – mit der Welt Ihrer Archetypen am gesamten Erfahrungsschatz der Menschen teilhaben. Für den, der an die Wiedergeburt glaubt, werden die Dinge noch einfacher verständlich. Der Emotional- und Mentalkörper Ihrer jetzigen Existenz ist Träger der Erfahrungen all Ihrer früheren Existenzen.

Symbole haben dann eine besondere Bedeutung, wenn sie in Verbindung stehen zu den archetypischen Bildern. Diese bedienen sich des Unterbewußten, wenn es gilt, Reifungs- und Wachstumsprozesse zu durchlaufen. C.G. Jung bezeichnet die Archetypen auch als Urbilder, die noch jenseits des Unterbewußten wirken. Diese Urbilder sind es, die die Symbole und auch die mythischen Gestalten prägen und zum Leben bringen.

C.G. Jung sagt dazu: »Diese Bilder sind insofern Urbilder, als sie der Gattung schlechthin eigentümlich sind, und wenn sie überhaupt entstanden sind, so fällt ihre Entstehung mit dem Beginn der Schöpfung zusammen.«

Die archetypischen Bilder werden von Jung auch als »lebendige Bereitschaften«, als Möglichkeiten der Vorstellungsform und als kollektive Strukturelemente der menschlichen Seele angesehen. Für Jung und auch für mich sind die Inhalte niemals willkürliche Bilder, sondern Ausdruck einer seelischen Kraft. Mit anderen Worten: Die archetypischen Bilder der Träume und Visionen sind tatsächlich Seinsbilder. In ihnen drücken sich metaphysische Wirklichkeiten – höhere Seinsebenen der Wirklichkeit – aus, zu denen Sie über Ihr höheres Selbst Zugang haben.

3. Symbole und Mythen

Die Mythen sind die ältesten Schöpfungen der Menschen. In ihnen geschehen Ereignisse, die nach den Gesetzen von Raum und Zeit nicht möglich sind. So verläßt zum Beispiel ein Held seine Heimat, um die Welt zu retten. Dann flieht er und lebt im Bauch eines großen Fisches. Er stirbt und wird als mythischer Vogel wiedergeboren. Am Ende verbrennt der Vogel, und der Held steigt strahlend aus der Asche empor.

Die Mythen der Inder, Ägypter, Babylonier, Hebräer und Griechen sind in der gleichen Sprache geschrieben wie die der Irokesen und der Apachen. Die Träume der antiken und der modernen Menschen sind in der gleichen Sprache verfaßt wie die Mythen der Menschen, die zu Anfang der Geschichte gelebt haben. Ohne Symbole gibt es keine mythischen Berichte.

Die Symbolsprache ist die einzige Universalsprache,

die die Menschheit je hervorgebracht hat. Für die Menschen der Vergangenheit in den großen Kulturen des Ostens und des Westens waren die Mythen und die Träume die bedeutendsten Ausdrucksformen des Geistes. Diese Symbolsprache und das Wissen davon blieben jedoch nur einigen Eingeweihten wie Priestern vorbehalten. Sie nutzten das Wissen bei der Deutung der Träume. Denn die Symbolsprache war die ursprüngliche Sprache des Menschen. Erst danach wurden die üblichen Sprachen geschaffen. Es war das große Verdienst von C.G. Jung, die Verwandtschaft der seelischen Symbole und Traumbilder mit den Mythen der Völker nachgewiesen zu haben. Symbole gibt es von Anfang an, sie können nicht frei erfunden werden.

4. Die Heilwirkung des Symbols

Umfassendere und moderne Sichtweisen beschränken sich nicht nur auf die Dreiheit Körper, Seele, Geist, sondern nehmen differenzierte Betrachtungen vor. Die Heilwirkung des Symbols werden Sie mit dieser neuen Sicht besser verstehen.

Danach haben Sie einen physischen, einen Emotional- (Gefühls-), einen Mental- (Geistes-) und einen spirituellen Körper.

Der physische Körper ist leicht mit Ihren Sinnen wahrzunehmen. Der Mentalkörper beinhaltet Ihren Intellekt, der zwar schon weit entwickelt ist, doch noch viele ungenutzte Reserven hat.

Ihr spiritueller Körper ist der höchste Aspekt Ihres Wesens. Es ist gleichsam das göttliche Selbst in Ihnen.

Der Emotionalkörper ist ein sehr faszinierender Körper, der gleichsam als Brücke oder Verbindung zu den anderen erwähnten Körpern dient. Ihr Emotionalkörper kann mit Energien niedriger Frequenz schwingen. Das ist dann der Fall, wenn Sie zum Beispiel Zorn, Wut oder Angst empfinden. Erst wenn die Schwingungen Ihres Emotionalkörpers eine höhere Frequenz haben, erleben Sie freudige und entzückende Gefühle. Diese Schwingungen sind Tönen vergleichbar, die auch – je nach Lage – in verschiedenen Frequenzen schwingen.

Der Mentalkörper beeinflußt den physischen Körper, doch der Verstand vermag nicht die Emotionen zu kontrollieren. Der Verstand kann zwar zum Beispiel Ihrem Emotionalkörper den Auftrag geben: Ärgere dich nicht. Doch Sie werden sich weiter ärgern. Gefühle beherrschen Ihre Gedanken. Ihr Emotionalkörper kontrolliert den Mentalkörper und nicht umgekehrt. Sind gestaute Energien in Ihrem Emotionalkörper, dann treiben Sie diese immer wieder zu psychischen und physischen Fehlreaktionen.

Symbole vermögen Ihren Emotionalkörper und den Mentalkörper auf eine höhere Schwingungsebene zu bringen, und dann verbinden sich beide mit dem spirituellen Körper. Auf diese Weise eröffnen sich Ihnen ganz neue Erfahrungen.

Machen Sie doch nur einmal folgendes: Betrachten Sie eine aufgehende Sonne. Oder gehen Sie in den Wald an eine Quelle. Spüren Sie die Sonne mit all Ihren Sensoren. Nehmen Sie das Rauschen der Quelle wahr. Wenn Sie so in Kontakt mit den Symbolen der äußeren Wirklichkeit sind, verändert sich das Schwingungsniveau Ihres Gefühls- und Geistkörpers. Sie treten in Kontakt mit Ihrem wahren Selbst, mit dem spirituellen Körper.

Verbinden Sie sich so mit dem höheren Selbst, dann verschwinden Angst und andere negative Gefühle aus Ihrem Emotionalkörper. Sie erweitern die Grenzen Ihres Bewußtseins und machen die Erfahrung eines multidimensionalen Seins.

Ihre seelische Entwicklung läßt sich beschleunigen, wenn Sie Ihrem Emotionalkörper die Möglichkeit geben, sich an höheren spirituellen Schwingungen zu erfreuen. Nur die spirituelle Energie vermag Sie zu heilen, Ihr höheres Selbst – die spirituelle Energie – ist immer da. Sie können diese spirituelle Energie nur in Ihnen erfahren. Symbole verhelfen dazu. Die Symbole sind Träger jener Energien. Je mehr Sie sich mit diesen Energien verbinden, um so besser kann Ihr höheres Selbst immer bewußter in Erscheinung treten. Heilung erleben Sie immer dann, wenn Sie mit Ihrem spirituellen Körper in Kontakt kommen.

Visualisieren ist reproduzierende geistige Vorstellung von Dingen. Imagination ist schöpferische Vorstellung von Dingen und Handlungsabläufen. Das Visualisieren von Symbolen verbindet Sie mit ganz neuen Dimensionen.

Das Visualisieren nimmt zwar zunächst der Verstand, der Geist vor. Doch bald tritt das Bewußtsein in Aktion. Und es bildet das geschaute Symbol ab. Das Symbol spiegelt sich im Bewußtsein. Jetzt ist der Verstand umgangen, denn nun wirken die universellen und kosmischen Kräfte direkt auf das Bewußtsein. Jetzt strömt das kosmische Wissen ins Bewußtsein. Die Heilwirkung des Symbols beginnt.

Reproduzierende Visualisierung und schöpferische Vorstellungskraft (Imagination) helfen Ihnen, mit höheren Energien in Kontakt zu kommen. Daher wird in dem Buch auch ausführlich die reproduzierende und schöpferische Imagination behandelt.

Es ist daher so wichtig, die eigenen Energien nicht mehr vorwiegend mit Fernsehen und anderem Zeitvertreib zu vergeuden. Notwendig ist, daß Sie sich höheren Energien gegenüber öffnen. Der Prozeß Ihrer Ganzwerdung kommt aber nie zum Stillstand. Ständig fließen Energien. Es wäre falsch zu glauben, eine einmal erreichte Erleuchtung erlaube Ihnen, fortwährend in diesem Zustand zu verweilen. Es gibt nämlich immer neue Dimensionen, in die Sie hineinwachsen. Der Solarplexus ist das

Zentrum Ihrer emotionalen Energie. Die Herzenergie ist Teil Ihres höheren Selbst. Symbole helfen Ihnen, Bewußtseinsschwingungen spontan zu verändern. Sie müssen diese Fähigkeit nur üben, dann haben Sie Zugang zu ganz neuen Dimensionen. Zu diesen Symbolen gehören auch Farben, denen wir im Buch ein ganzes Kapitel widmen.

Ihr höheres Selbst ist immer in Ihnen. Sie stehen zwar mit ihm in Kontakt, hören aber nicht auf seine Stimme. Bitten Sie es einmal, sich Ihnen zu zeigen. Es wird sich Ihnen dann als Symbol oder als Farbe in einem ganz bestimmten Aspekt zeigen. Die erste Aktion, die sich auf Ihre Bitte einstellt, kann in der Antwort eines Symbols, einer Farbe oder eines Wortsymbols bestehen. Das ist eine Äußerung Ihres höheren Selbst, wie es sich im jeweiligen Augenblick verständlich machen kann. Ein anderer Weg, Botschaften vom spirituellen Körper zu erhalten, ist die Meditation. Während dieser Sammlung kann sich Ihr höheres Selbst zu Worte melden. Wenn sich Ihnen Ihr höheres Selbst offenbart, dann geben Sie sich seiner Energie hin. Mit der höchsten, Sie heilenden Energie vermögen Sie sich nur über das Symbol zu verbinden, aber nicht mit dem Verstand. Verbinden Sie sich also mit den höheren Energien, die helfen und heilen.

Die Symbole können durch Schauung nur deshalb im Geiste aufleuchten, weil die Welt selbst Ausdruck der höchsten Wirklichkeit ist.

Ein Symbol ist nicht statisch. Es ist mit der psychischen Kraft höherer Energien geladen. Wenn Sie sich seiner Strahlung öffnen, dann wird in Ihnen das erzeugt, was der Strahlung der Kraft entspricht. Daher wird ein echtes Symbol als reiner Urquell bezeichnet, denn es verbindet Sie mit der höchsten Energie der Schöpfung. Sie vermögen sich mit dieser tiefsten, Sie heilenden Energie nicht über den Verstand zu verbinden, sondern nur über das Symbol. Jedes Symbol verbindet Sie mit einer ganz besonderen Schicht des Seins bzw. der nicht greifbaren Wirklichkeit.

5. Symbole und Märchen

Gibt es in Ihrem Leben eine Lieblingsgeschichte, die Sie immer wieder gern hören oder lesen? Erinnern Sie sich an ganz besondere Märchen, die Sie als Kind immer gern gehört haben? Die Beschäftigung mit Märchen wird nämlich ganz neue Entwicklungsprozesse in Ihnen auslösen. Warum ist das eigentlich so?

Märchen sind besondere Geschichten, die eine lange Erzähltradition haben. In den Märchen gibt es sprechende Tiere, Zwerge, Hexen und die überraschendsten Verwandlungen. Die Gesetze von Raum und Zeit existieren darin nicht. Märchen beginnen fast immer mit einer problematischen Situation. Der Märchenheld oder die

Märchenheldin stehen als Symbol für die in der betreffenden Situation richtige Haltung. Die Märchen sind oft in magischen Reichen wie dem Himmel, der Erde, dem Wald, dem See, dem Berg, der Höhle, dem Mond oder anderen Stätten angesiedelt. In Märchen gibt es die wundersamsten Wandlungen, die wir vorher nicht für möglich gehalten haben.

Die Schwierigkeiten, die die Märchenhelden zu bewältigen haben, sind auch Ihre Schwierigkeiten. Das Problem im Märchen ist nur zu oft auch Ihr Problem. Indem Sie sich mit dem Märchenhelden identifizieren, glauben Sie, daß auch Ihre Probleme wie im Märchen lösbar seien. Die Märchen machen Ihnen Mut, Sie glauben an Ihre Zukunft und an die großen Möglichkeiten der Wandlung.

Nun ist das Märchen keineswegs irgendein Wachtraum. Die Bedeutung des Märchens reicht viel tiefer. Das Märchen bedient sich archetypischer Symbole und Urbilder. Deshalb wirken Märchen auf die tiefsten Schichten der Seele. Wenn das Kind aus der Tiefe seines Unterbewußtseins seine Ängste in das Märchengeschehen hineinprojizieren kann, dann werden innere Blockaden aufgelöst.

Charlotte Bühler und Josefine Bilz erzählen von einem dreijährigen Mädchen, das zunächst durch die Geschichte vom Rotkäppchen und dem Wolf in erhebliche innere Nöte geriet. Am Ende wollte sich das Kind dem bösen Wolf im Wald stellen. Doch bis dahin brauchte es noch eine Weile. Das Kind wollte die Geschichte vom Rotkäppchen und dem bösen Wolf etwa ein dutzendmal vorgelesen bekommen. Aus Angst vor dem bösen Wolf schlief es sogar sehr unruhig. Die Mutter beruhigte die Kleine mit den Worten: »In unserem Wald gibt es keine Wölfe mehr, die gibt es nur noch in Rußland.« Einige Wochen später machte die Familie mit dem Kind einen Ausflug in den Wald. Die Mutter beruhigte das Kind und sagte: »Da wirst du das Häslein sehen.« Als die Familie im Haus aufbrach, fragte ein anderer Hausbewohner die Kleine, wohin sie denn gehen wolle. Sie erwiderte: »In den Wald zum Rußlandwolf.«

Nicht das harmlose Häslein, sondern das gefährliche Ungeheuer war jetzt der Anziehungspunkt für das Kind. Nun wollte es also sogar die Begegnung mit dem Übermächtigen suchen. Offenbar waren im Kind Kräfte wach geworden, sich dem bedrohlichen, aber auch faszinierenden Wolf zu stellen.

Kinder brauchen offenbar die Schreckensgestalten der Märchenwelt, um seelisch zu reifen.

Viele alte Märchen, Mythen und Sagen haben nicht nur eine freundliche, sondern auch eine schreckliche Seite. Nicht selten wird von Tieren gesprochen, die den Menschen zu verschlingen drohen. Die Leser und Zuhörer bleiben aber mit dem schrecklichen Geschehen nicht allein, sie bekommen eine Hilfe, um nicht zu verzweifeln.

So muß das Schreckliche erst einmal ertragen werden, damit es bewältigt werden kann.

Wer also keine Geschichten erzählt erhält, der bleibt mit seinen traumatischen Erlebnissen allein. Er bekommt keine hoffnungsvollen Bildangebote, die die in ihm verborgenen Hoffnungsschichten erwecken. Die furchterregenden Bilder können dann so mächtig werden, daß sie die eigene Entwicklung des Menschen einengen.

Die Heilkraft der Märchen ist aber keineswegs auf Kinder beschränkt. Auch Sie können dadurch von innen her heil werden. Märchen können auch Ihnen seelische Qualität vermitteln, die sonst schwer zu erlangen ist. Sie müssen sich dazu zum Beispiel in bestimmte Märchenfiguren hineinversetzen oder mit anderen im Bereich der Phantasie einen Dialog führen. Die heilenden Prozesse werden auch dadurch ausgelöst, daß Sie sich selbst ein Märchen ausdenken. Da in den tiefsten Schichten Ihres Selbst alle archetypischen Symbole enthalten sind, können auch Sie diesen gesamten Urgrund der Menschheit in sich zum Leben erwecken. Da das Märchen in Symbolen spricht, verdichten sich darin psychische Inhalte, Erfahrungen und Emotionen, die sonst nicht anders darzustellen sind. Märchenbilder sind Verdichtungen grundlegender Erfahrungen. Die besondere Wirkung der Märchen auf Sie besteht darin, daß sie die in Ihnen verborgenen Bilder ansprechen. So werden fixierte Vorstellungen und Emotionen Ihrer Persönlichkeit in Bewegung gebracht.

Bereits durch das Anhören des Märchens beginnt die heilende Wirkung. Sie setzt sich fort, wenn Sie die Märchen auf sich wirken lassen. Diejenigen Märchensymbole, die Sie besonders anrühren, werden zu einem psychischen Zustand von Ihnen selbst, den Sie sonst nicht erfassen können. Bloch sieht in einem lebendigen Symbol eine »archetypisch eingekapselte Hoffnung«. Wenn Sie also mit Märchenbildern arbeiten, dann stoßen Sie damit auch einen Entwicklungsprozeß an, der von einer tiefen Hoffnung getragen wird. Festgefahrene Gefühls- und Gedankenprozesse kommen auf diese Art wieder in Bewegung. Märchen heilen Sie und erschließen Ihnen ganz neue Bereiche Ihrer Persönlichkeit.

6. Bilder aus dem Unbewußten

Bilder aus dem Unbewußten sind sichtbare Darstellungen von seelischen Inhalten oder Vorgängen, die sich in Erinnerungen, Träumen oder Wachvisionen äußern können. C.G. Jung sagt dazu: »Aus seelischem Material wird gewissermaßen eine andere Wirklichkeit geschaffen, eine Verstofflichung und Konkretisierung, die unser Gemüt und unser Wahrnehmungsvermögen direkt unter Umgehung unseres intellektuellen Verstandes anspricht.« Die Bilder aus dem Unbewußten ermöglichen Ihnen einen Einblick in die tiefsten Schichten Ihrer selbst, die sich sonst nur in Riten, Mythen und Märchen ausdrücken. Mit diesem unbewußten Bereich Ihrer Psyche können Sie direkt in Kontakt treten. Die tiefsten Bereiche Ihrer Psyche offenbaren sich Ihnen zunächst in Form von Bildern. Später können Sie das zunächst bildhaft Erfahrene auch verstandesmäßig Ihrem Bewußtsein eingliedern. Und so beginnen Sie mit der gestalterischen Arbeit an Ihnen selbst, die schöpferisch ist. Sie lernen, mit Ihrem Unterbewußtsein in Beziehung zu treten. So entwickeln Sie gewaltige Kräfte, weil Sie die tiefsten Schichten Ihres Unterbewußtseins ins Wachbewußtsein bringen. Sie entfalten große schöpferische Kräfte. Wie Sie diese großen Möglichkeiten systematisch fördern und nutzen, das werden Sie im Buch noch erfahren.

Die große Bedeutung des Symbols liegt also darin, Bewußtes und Unbewußtes zu einer Einheit und Ganzheit zu bringen.

Lassen Sie also den Schatz in Ihrer Seele nicht im dunklen Grunde ruhen. Wenn das geschieht – darauf wurde schon hingewiesen – bricht die in der Bilderwelt enthaltene Kraft zu Ihrem Nachteil über Sie herein. Holen Sie den Schatz aus der Tiefe, beschäftigen Sie sich mit Symbolen. Symbole eröffnen Ihnen Erfahrungsdimensionen, die Ihnen sonst unbekannt blieben. Symbole sind Schlüssel zum Verständnis Ihrer selbst und des Daseins.

Es gibt drei verschiedene Arten von Symbolen: das konventionelle, das zufällige und das universelle Symbol.

Das Symbol als konventionelles Zeichen ist eine sprachliche Festlegung. Ein solches Symbol ist der Tisch.

Die Buchstaben T–I–S–C–H und das Lautgebilde »Tisch« stehen für einen eindeutigen Gegenstand.

Beschäftigen wir uns jetzt mit dem zufälligen Symbol. Nehmen wir einmal an, Sie haben in einer Stadt ein unangenehmes Erlebnis gehabt. Wenn Sie den Namen der Stadt hören, dann werden Sie Ihre traurige Stimmung assoziieren. Obwohl das Wesen der Stadt nicht traurig ist, ist für Sie das Erlebnis der Stadt zum Sinnbild der Stadt geworden.

Anders sieht es dagegen beim universellen Symbol, dem Urbild Ihrer Seele, aus, das in Märchen, Mythen, Träumen und in der Bibel zu finden ist. Ein solches Symbol ist der Träger einer ganz besonderen Erfahrung. Darauf wurde schon hingewiesen. Nur mit diesen Symbolen wollen wir uns im Buch beschäftigen.

Ein Kennzeichen jedes Symbols ist seine Vieldeutigkeit. Jeder hat zwar den Wunsch nach unzweideutiger Klarheit. Vergessen Sie aber nicht, daß seelische Vorgänge Erlebnisvorgänge sind. Sie sind Wandlungen und daher niemals ganz eindeutig zu bezeichnen. Denn das Lebendige darf nicht in Statisches verwandelt werden. Deshalb drücken Symbole seelische Vorgänge immer deutlicher aus als der klarste Begriff. Die Deutung eines Symbols kann nie die alleinige Wahrheit für sich beanspruchen. Wenn Sie ein Märchen deuten, einen Traum oder ein Tarot-Orakel, dann erhalten Sie eine geschlossene Deutung, wenn die wichtigsten Motive in einem sinnvollen Zusammenhang stehen.

Da sich der Mensch meistens nur auf den Vordergrund des Lebens bezieht, hat er seine Beziehung zum Urgrund verloren. Wenn Sie Ihre »Symbolfähigkeit« neu beleben, dann werden Sie Ihr Leben und die Schöpfung aus der Tiefe erfassen.

Das Lexikon der Symbole im dritten Teil des Buches hilft Ihnen, das ABC der urtümlichen Bildersprachen wieder zu erlernen.

7. Symbole und die Bibel

Wie müßte eine »Sprache« beschaffen sein, die all das ausdrückt, was alle Kulturen und Völker schon zu allen Zeiten bewegt hat? Eine solche »Sprache« müßte zum Ausdruck bringen, was alle Menschen in ihrem Leben erfahren und erleben können. Eine solche »Sprache« muß sowohl die Umwelt als auch die Innenwelt beschreiben. Das wären Geburt und Tod, Höhen und Tiefen, Ängste und Hoffnungen, der Kreislauf der Natur und der Zyklen der Seele, um nur einige Beispiele zu nennen. Als »universellen Erfahrungsträger« gibt es nichts Besseres als das Symbol. Das Symbol stammt aus der realen Welt, es vermittelt zwischen Innenwelt und Außenwelt. Obwohl das Symbol aus der realen Welt stammt, weist es darüber hinaus zu einer höheren Wirklichkeit.

Schon der Apostel sagt, daß der Mensch die ewige Kraft Gottes durch das geistige Schauen der geschaffenen Welt vorzunehmen vermag (Röm. 1,20). So versucht die Heilige Schrift durch ihre Bilder etwas mitzuteilen, was über die Welt hinausweist. Es gibt aber durchaus auch viele Geschichten in der Bibel, die einen deutlichen Bezug zum Leben nehmen und konkrete Lebenshilfe geben. Hier ein Beispiel für eine solche Geschichte aus der Bibel: Die Bibel berichtet von Jonas, der nach Jaffa ging. Dort fand er ein Schiff, das ihn nach Tarsus mitnahm. Auf hoher See brach ein Sturm los, der alle in Angst und Schrecken versetzte. Deshalb begab sich Jonas in den Bauch des Schiffes. Dort fiel er in einen tiefen Schlaf. Die Schiffsleute meinten, Gott habe den Sturm nur deshalb gesandt, weil jemand auf dem Schiff sei, der bestraft werden sollte. Sie weckten Jonas, denn er hatte ihnen erzählt, er wolle dem Gebote Gottes entfliehen. Jonas forderte die Seeleute auf, ihn ins Wasser zu werfen, weil sich dann der Sturm legen würde. Die Fischer zögerten zunächst. Offenbar wollten sie nicht für seinen Tod verantwortlich sein. Schließlich warfen sie ihn doch ins Wasser, das sich sogleich beruhigte. Ein großer Fisch verschlang Jonas. Er blieb drei Tage und drei Nächte im Bauch des Fisches. Dort betete er zu Gott, daß er ihn aus dem Gefängnis befreie. Gott erhörte ihn und veranlaßte den Fisch, Jonas auf das Festland auszuspeien. Gerettet begab sich Jonas nach Ninive und erfüllte das Gebot Gottes. So rettete er die Bewohner der Stadt.

Die Bibel erzählt die Geschichte, als ob sie sich tatsächlich ereignet hätte.

Die äußeren Ereignisse sind aber nur Sinnbilder für die inneren Erlebnisse des Helden. Es gibt mehrere aufeinanderfolgende Symbole: das Hinabsteigen in den Schiffsbauch, das Einschlafen, das Verweilen auf dem Meer und der Aufenthalt im Fisch. Alle Symbole weisen auf die gleiche seelische Erfahrung hin: ein Zustand der Geborgenheit, der Rückgezogenheit von anderen Menschen.

In der realen Erzählung finden die Ereignisse jedoch innerhalb von Raum und Zeit statt. Erst erfolgt das Hinuntersteigen in das Schiffsinnere, dann das Einschlafen, der Wurf ins Meer, dann das Verschlungenwerden durch den Fisch. Obwohl einiges nicht real ist, haben die Ereignisse in Hinsicht auf Raum und Zeit einen logischen Zusammenhang. Erkennen wir die Absicht der Bibel, um die Erlebnisse eines Menschen zu vermitteln, der einen Konflikt zwischen innerer Stimme und dem Wunsch, ihr zu entfliehen, erlebt, dann nehmen wir alle Handlungen als Ausdruck desselben Seelenzustandes wahr.

Was tat Jonas? Er versuchte, seiner Verantwortung den Mitmenschen gegenüber zu entfliehen. Deshalb zog er sich immer mehr zurück. Doch im Bauch des Fisches veränderte sich das Gefühl seiner Geborgenheit in ein

Gefühl der Gefangenschaft und Furcht. Deshalb bat Jonas Gott, ihn aus dieser Situation zu befreien. Gott errettete ihn. So fing Jonas sein Leben wieder neu an, genau an dem Punkt, wo er vor seinem Leben davongelaufen war.

Es gibt noch einen zusätzlichen Unterschied in der Logik der realen Erzählung und ihrem seelischen Gehalt. In der wirklichen Erzählung gibt es eine Kausalität in den äußeren Ereignissen. Jonas wollte Gott entfliehen, er fuhr mit dem Schiff übers Meer, er schlief vor Müdigkeit ein, wurde geweckt und über Bord geworfen, weil er für den Sturm verantwortlich gemacht wurde, und ein Fisch verschlang ihn. Daß der Fisch Jonas wieder ausspuckte, ist zwar unrealistisch, aber nicht unlogisch.

Aus dieser Geschichte ergibt sich aber auch noch etwas anderes: Die Bibel ist also nicht nur als ein religiöses Buch zu betrachten. Sie stellt auch die Bewältigung von elementaren Lebensfragen symbolisch dar und ist somit eine wichtige Lebenshilfe. Sie müssen dazu nur die Symbolsprache »erlernen« und verstehen.

8. Klangsymbole

Dem Ohr wird gegenüber dem Auge viel zuwenig Bedeutung beigemessen. Denn nicht nur durch Bilder, auch durch Töne und Musik können sich Ihnen ganz neue

Dimensionen der Erfahrung erschließen. Auch das Ohr kann also zum Tor heilsamer Kräfte werden, wir alle erleben den leisen Windhauch und das Plätschern einer Quelle als sehr angenehm. Wenn Sie ständig vom Lärm bedroht werden, dann vermögen Sie sich gar nicht mehr der Faszination eines Klanges zu öffnen. Töne und Klänge wirken durch das Ohr auf Sie ein. Die Wirkung bekommen die Schallwellen erst dann, wenn sie in Gefühle umgesetzt werden. So erleben Sie die Klänge in Ihrem Geist und in Ihrem Herzen.

Von el Rumi, dem großen persischen Mystiker, wird folgender Satz überliefert: »Die Musik ist das Knarren der Pforten des Paradieses.« Ein Zuhörer fiel ihm ins Wort und sagte: »Mir gefällt das Knarren von Pforten nicht.« Darauf erwiderte el Rumi: »Ich höre die Pforte, die sich auftut, du aber die Pforte, die sich schließt.« Nur wenn Sie durch das Anhören Ihre innere Membran schwingen lassen, kann etwas Neues in Ihnen in Schwingung geraten.

In den Religionen des Fernen Ostens gibt es sogenannte Mantras. Es sind archetypische Laut- und Wortsymbole, die ihren Ursprung in der natürlichen Struktur des Bewußtseins haben. Wie die Ursymbole sind sie nicht willkürliche Schöpfungen, sondern entstehen aus der kollektiven oder allgemein menschlichen Erfahrung. Solche Mantras oder Urlaute verbinden Ihr Oberflächenbewußtsein mit Ihrem Tiefenbewußtsein.

Wie die Musik beeinflussen Mantras Stimmungen, Bewußtseinszustände und die geistige Haltung. Diese Töne wirken auf die verschiedenen psychischen Zentren Ihres Körpers, die nicht nur mit Gedankentätigkeit, sondern auch mit Raumgefühl, innerer Bewegung und Emotion verbunden sind. Nach den Vorstellungen der alten Kulturen des Fernen Ostens ist Bewußtsein nicht nur im Gehirn lokalisiert, sondern auch in vielen anderen Zentren psychischer Energie, die als Chakren bezeichnet werden. Wenn Sie von einem Musikstück oder einem Gesang beeindruckt sind, so können Sie nicht sagen, warum das so ist. Dafür gibt es keine logischen Gründe. Sie fühlen nur, daß etwas in Ihnen zu schwingen beginnt wie eine Saite, die auf die gleiche Wellenlänge abgestimmt ist. Hier einige wenige Beispiele für solche archetypischen Klangsymbole:

Alle archetypischen Wortsymbole haben einen unterschiedlichen Schwingungscharakter. Das O ist ein runder, alles einschließender Laut. Gewiß ist es nicht zufällig, daß es sowohl in der lateinischen als auch in der griechischen Schrift durch einen Kreis symbolisiert wird. Hängen wir an das O den Laut M, so ergibt sich die mantrische Keimsilbe OM. Die indische Tradition sieht das OM als universellen Laut an. Der bedeutende indische Dichter und Nobelpreisträger Rabindranath Tagore empfindet OM als das symbolische Wort für das Unendliche und Unvergängliche. Es soll den Menschen eine Ahnung für das Gefühl einer zeitlosen Vollkommenheit vermitteln.

Nun habe ich in meinen Büchern immer wieder darauf hingewiesen, daß der Mensch sich nicht nur allein darauf beschränken darf, ein Erlebnis der Universalität zu haben. Es geht darum, die erfahrene Universalität in der Individualität zu verwirklichen. Der Weg beginnt also gleichsam dort, wo er für viele Menschen endet, die das Opfer einer falsch verstandenen Esoterik und auf täuschende Effekthascherei aus sind. Nach universellen Erfahrungen muß das tatkräftige Tun folgen. Denn nur so können Sie Ihre Individualität verwirklichen und den Weg zu sich selbst finden.

Verweilen wir noch etwas bei der Silbe OM. Sie ist verglichen worden mit dem Öffnen der Arme, um alles, was lebt, zu umarmen. Während das OM den Aufstieg zur Universalität zum Ausdruck bringt, bringt das Lautsymbol HUM den Abstieg in die Tiefe des menschlichen Herzens zum Ausdruck. Der entscheidende Vokallaut des langen U im HUM ist der Laut der Tiefe. Der Vokal U bringt eine nach unten gehende Bewegung zum Ausdruck, er ist die untere Grenze der Lautskala der menschlichen Stimme. Das H, das ihm vorausgeht, ist der Laut des Atems, jener subtilen Lebenskraft. Widmen wir uns jetzt dem Wortsymbol AH. Das A steht sowohl in der Schwingung als auch der mantrischen Bedeutung nach in der Mitte zwischen dem allumfassenden O und der Tiefe des U. Es drückt die Fähigkeit des Redens und des Denkens aus. Als Laut der Kommunikation ist er der erste Laut des neugeborenen Kindes, das sein Staunen über die Umwelt ausdrückt.

Die archetypischen Wortsymbole

OM
AH
HUM

stellen nach Lama Anagarika Govinda folgende drei Ebenen der Wirklichkeit

die universelle Ebene
die ideale Ebene
die individuelle Ebene

und drei Dimensionen des Bewußtseins dar, die in folgenden drei psychischen Zentren manifestiert sind:

dem Scheitelzentrum (saharāra-chakra)
dem Kehlzentrum (visudaha-chakra)
und dem Herzzentrum (anāhata-chakra)

Hier noch einige Worte zur mantrischen Keimsilbe HRIH. Das Wort hat die geistige Natur einer Flamme. Darin sind enthalten Wärme, Aufwärtsbewegung, Strahlkraft, Farbe. Im Buddhismus entspricht dieses archetypische Wortsymbol dem Buddha Amitabhas mit seiner strahlend roten Farbe. Die Bedeutung des H wurde schon erwähnt.

Das R ist der Laut des Feuers. Das I hat in der Tonskala die höchste Schwingung und steht für höchste geistige Aktivität. Das Lautsymbol HRIH spricht eine der tiefsten Ebenen des Menschen an, nämlich seinen Sinn für Verantwortung.

Das Lautsymbol kann aber nicht einfach aus intellektueller Analyse erschlossen werden. Seine tiefe Wirkung werden Sie erst dann erfahren, wenn Sie sich der Erfahrung öffnen.

9. Symbole und Seinserfahrungen

Auf die Welt der Symbole und Mythen baut sich die religiöse Erfahrung auf. Jede Religion hat daher seelische Wurzeln. Werden diese Wurzeln abgetrennt und wird daraus das »reine« Wort Gottes gemacht, dann fallen die Worte in das Becken der reinen Vernunft und verlieren so ihre innere Lebendigkeit. Zu dieser religiösen Entwurzelung des Menschen sagt C.G. Jung: »Infolge der Niederreißung der Schutzmauern der Kirche (gegen das freie Walten der archetypischen Kräfte) hat der Protestant die heiligen Bilder als Ausdruck unbewußter Faktoren verloren, zusammen mit dem Ritus, welcher seit undenkbaren Zeiten ein sicherer Weg gewesen ist, mit den unscheinbaren Kräften des Unbewußten fertig zu werden. Ein großer Betrag an Energie wurde so befreit und floß sogleich in die alten Kanäle der Neugier und der Eroberungssucht, wodurch Europa die Mutter von Drachen wurde, welche den größten Teil der Erde verschlungen haben.«

C.G. Jung gibt aber weder dem Protestantismus noch der Renaissance die Schuld daran, daß der moderne Mensch, Protestant oder nicht, den Schutz der kirchlichen Mauern weitgehend verloren hat.

Wenn Sie sich den Urbildern in sich wieder öffnen, dann gelangen Sie wieder zu einer tiefen Wahrnehmung der Schöpfung Gottes und Ihrer selbst. Die heilige Teresa von Ávila sagte schon 1577: »Wir brauchen nicht in den Himmel hinaufzusteigen noch aus uns selber hinauszugehen. In der Welt selbst und der eigenen Tiefe finden wir die geheimnisvollen Bereiche, in denen wir Gott erleben können.«

Der Symbolik bedient sich Hildegard von Bingen auch dann, wenn sie über ihre Schauungen der Stimme Gottes berichtet:

»Ich, die höchste und feurige Kraft, habe jedweden Funken von Leben entzündet... Ich, das feurige Leben göttlicher Wesenheit, zünde ihn über die Schönheiten der Fluren, ich leuchte in den Gewässern und brenne in Sonne, Mond und Sternen. Mit jedem Lufthauch, wie mit unsichtbarem Leben, das alles erhält, erwecke ich alles zum Leben.«

10. Individuationsweg und Symbole

C.G. Jung hat den seelischen Entwicklungsweg und den Prozeß der Selbstverwirklichung als Individuation bezeichnet. Die Anpassung an die Umwelt und die Angst vor dem Leben halten bei vielen Menschen den Individuationsweg auf. In den frühen Kulturen mußten sich die Ältesten des Volkes, die später Führungsfunktionen übernahmen, einer Reihe von Einweihungszeremonien unterwerfen. In solchen Situationen wurden die Menschen bis an die Grenzen ihrer körperlichen und seelischen Leistungsfähigkeit gefordert, damit sie so auf ihre verantwortungsvolle Aufgabe vorbereitet werden. Um den Prozeß der Individuation zu durchlaufen und immer höhere Reifungsgrade zu erleben, müssen Sie gelegentlich auch einmal unangenehme »Einweihungsstufen« erfahren.

Es besteht kein Zweifel: Mit Meditation, Imagination und Traumdeutung werden Sie Ihre Entfaltung fördern. Leider wird die helfende Kraft der Symbole von vielen nicht genutzt. Bedienen Sie sich der Symbole; sie werden Ihr Bewußtsein erweitern.

Symbole werden sogar den Weg Ihrer Individuation begleiten. Sie tauchen wie Meilensteine auf Ihrer großen Wanderung auf. Es gibt unter den die Individuation begleitenden Symbolen ganz besondere Bilder. Solche sind das Kind, die Mutter (die Urmutter Erde) und der alte Weise. Auch dazuzurechnen sind der männliche Aspekt in der Frau – als Animus – und der weibliche Aspekt im Mann – als Anima bezeichnet. Zu den genannten Symbolen sind auch die Bilder zu rechnen, die das Selbst symbolisieren. Der Individuationsprozeß stellt ein Streben nach Ganzheit zwischen dem Unterbewußtsein und dem Bewußtsein dar. Die Symbole sind die Brücken zwischen diesen beiden Bereichen. Die im Unbewußten vorhandenen Tendenzen werden bildhaft sichtbar gemacht und können so ins Bewußtsein integriert werden. Wenn Sie sich gegen Ihren Individuationsweg wehren, dann werden Sie seelisch krank. Nutzen Sie daher das in Ihnen vorhandene Potential. Gehen Sie den Weg, der Ihnen vorgezeichnet ist.

Zusammenfassung

1. Die Symbole haben ihre Existenz auch in der sinnlich wahrnehmbaren Welt.

2. C.G. Jung definiert das Symbol als »Wesen und Abbild psychischer Energie«.

3. Das Symbol ist der Vermittler zu Ihrem Tiefenbewußtsein.

4. In der Kraft der Symbole äußert sich Ihr höheres Selbst.

5. Archetypen sind Urbilder oder Ursymbole, die in Ihrem Tiefenbewußtsein ruhen. Archetypen sind Instrumente Ihres höheren Selbst, mit denen es sich über die Symbole mitteilt.

6. Ein Symbol ist Träger höchster Energien und Heilkräfte.

7. Da sich das Märchen archetypischer Symbole und Urbilder bedient, wirkt es auf die tiefsten Schichten des Unbewußten.

8. Märchen erwecken verborgene Hoffnungen im Menschen.

9. In der Bibel werden tiefste Wahrheiten symbolisch zum Ausdruck gebracht.

10. Nicht nur Bildsymbole, auch Klangsymbole aktivieren Ihr Tiefenbewußtsein.

11. Individuation ist der seelische Entwicklungsweg und der Prozeß der Selbstverwirklichung.

12. Es gibt ganz besondere Symbole, die Ihren Individuationsweg begleiten. Solche sind zum Beispiel das Kind, die Mutter und der alte Weise.

13. Der Individuationsprozeß ist ein Streben nach Ganzheit zwischen Bewußtem und Unbewußtem.

14. Symbole haben die Macht, Sie zu verwandeln. Sie sind wirkende Wirklichkeit.

SELBSTERKENNTNIS

DURCH SYMBOLE

KAPITEL II

1. Meditation und Symbolreichtum

Oft werde ich gefragt, was Meditation ist. Ich erkläre es immer so: *Meditation ist das Instrument, das Ihnen hilft, sich wieder mit dem Ganzen, dem Universellen zu verbinden.* In der Meditation erfahren Sie Ihre Verbundenheit mit einem höheren Ganzen.

Um diese Erfahrung zu erreichen, ist eine Lenkung Ihres Bewußtseins notwendig. Dieser Prozeß wird als Konzentration bezeichnet. Meditation ist aber noch viel mehr als Konzentration. Denn wenn Sie zum Beispiel konzentriert schreiben, meditieren Sie noch nicht.

Im Anfang der Meditation ist es notwendig, zunächst auf den Fluß der Gedanken zu achten, bevor Sie sich ein bestimmtes Meditationsobjekt wählen. So schaffen Sie keinen inneren Widerstand und werden ruhig. Es fließt in Ihnen.

Echte Meditation – eine bewährte Technik dazu habe ich in meinem Buch »Die universellen Kräfte Ihrer Psyche« beschrieben – führt Sie nicht in eine Weltflucht.

In der Meditation erleben Sie tiefere Schichten Ihres Bewußtseins. Diese Tiefenschichten enthalten nicht nur Ihr individuelles Bewußtsein mit Ihrer Einmaligkeit, sondern auch archetypische Bewußtseinsbereiche.

In der Meditation kommt die Tätigkeit Ihres Intellektes und Ihres Oberflächenbewußtseins zur Ruhe. Im Zustand der Versenkung kommen Sie auch mit innerem Wissen in Berührung, das Sie sich nicht in Ihrem jetzigen Leben angeeignet haben und das nicht Ihren individuellen Charaktermerkmalen entspricht. Diese andere Wirklichkeit läßt sich nur durch Symbole beschreiben.

In meinen Meditationsseminaren erleben Menschen zum Beispiel Gott als Licht und erfahren archetypische Inhalte ihres Bewußtseins. Darüber hinaus werden aber auch göttliche Bewußtseinszustände erlebt.

Die Vielfalt und der große Reichtum der Ursymbole im Tiefenbewußtsein wird für jeden Menschen zu einer faszinierenden Erfahrung. Im Bilderstrom aus Ihrem Tiefenbewußtsein äußern sich ganz bestimmte Tendenzen Ihrer weiteren Entwicklung. Eine Frau berichtete zum Beispiel über ein Meditationserlebnis: »Ich weiß jetzt, das innere Licht ist in mir. In mir ist die Kraft, mit der ich die kommenden Situationen meistern werde.«

2. Birgt der Bilderstrom Gefahren?

Die Überbetonung des Verstandes hat bei vielen Menschen dazu geführt, dem Intellekt durch Drogen zu entkommen. Nun sind aber Drogenerlebnisse und (selbst-) hypnotische Trancezustände nichts weiter als gestörte Meldungen des Nervensystems. Die auf diese Weise erweckten bildlichen Erlebnisse können nicht in die Persönlichkeit integriert werden.

Ganz anders liegt jedoch die Situation bei der von mir beschriebenen Meditationsmethode, der in den folgenden Abschnitten beschriebenen Rosenimagination und der Technik des freien Malens. Der so ausgelöste Bilderstrom fördert die Entfaltung Ihrer Persönlichkeit.

3. Die Rosenimagination

Die Visualisierung der aufblühenden Rose eignet sich sehr dafür, den Symbolstrom in Ihnen zum Fließen zu bringen.

Machen Sie dazu folgende Übung:

Schließen Sie die Augen. Stellen Sie sich einen Rosenstrauch vor, dessen Knospen noch nicht geöffnet sind. Nun schauen Sie sich einen Rosenzweig genauer an. Sie sehen seinen Stengel. Die Knospe ist noch eingeschlossen von grünen Kelchblättern. Versuchen Sie das Bild genau zu sehen.

Nun stellen Sie sich vor: Die grünen Kelchblätter öffnen sich. Dann sehen Sie die roten, noch geschlossenen Blütenblätter. Nun erkennen Sie, wie sie sich öffnen. Sie verstärken das Gefühl, daß sich in Ihnen auch etwas zu öffnen beginnt. Schauen Sie nun in die geöffnete Rose hinein. Das Zentrum der Rose ist Ihre Lebensmitte. Warten Sie eine Weile ab, dann werden Sie ein Symbol wahrnehmen. Betrachten Sie es eine Zeitlang. Oft hat das

Symbol eine Botschaft für Sie. Nehmen Sie diese Botschaft auf.

Eine Frau erzählt, was sie bei der Übung erlebte: »In der Mitte der Rose sehe ich einen Himmel. Die Rose verschwindet. Der Himmel dehnt sich weit aus. Er hat ein herrliches Blau. Ich habe ein Gefühl großer Freiheit. Freude erfaßt mich. Ich habe das Gefühl, ich könne mit jedem Kontakt aufnehmen. Ich habe ein großes inneres Kraftgefühl.« Die Frau hatte ein formloses Symbol erlebt. Sie werden wahrscheinlich ein ganz anderes Symbol erleben. Seien Sie offen für seine Botschaft. Sollte sich ein negatives Bild vor Ihnen auftun, dann bleiben Sie dabei, und betrachten Sie es. Das erfordert manchmal Mut. Lassen Sie zu, daß alle Gefühle, die in Ihnen aufsteigen wollen, es auch können. Sie werden feststellen, daß sich das Bild verändert. Die Veränderung des Bildes passiert nicht immer sofort. Manchmal müssen Sie sich mit einem Symbol schon mehrmals beschäftigen.

Wenn sich Ihre Bilderwelt wandelt, verändern sich auch Ihre Einstellungen. Sie erleben die Wirklichkeit auf ganz neue Art. Ihre Verhaltensweisen beginnen sich zu ändern.

4. Malen fördert den Bilderstrom

Das freie Malen wurde schon von C. G. Jung angewandt. Stellen Sie dazu das, was Ihnen in den Sinn kommt, bildhaft dar. Machen Sie sich dabei keine Gedanken um Ihren Stil oder den Inhalt Ihrer Darstellung. Wenn Sie frei malen, dann bringen Sie blockierende unbewußte Energien zum Fließen. Das freie Malen legt nicht nur versteckte Tendenzen Ihrer Psyche frei, die Ihr Leben beeinflussen. Betrachten Sie die Bilder, die diese Kräfte sichtbar machen. Die Bilder beschreiben Gefühle, wie es Worte nicht können. Neue sich bildende Tendenzen Ihrer Persönlichkeit, die aus Ihrer Tiefe ausgehen, werden ans Licht gebracht. Malen Sie Ihre inneren Bilder frei. Gehen Sie dabei wie folgt vor:

Nehmen Sie Zeichenpapier und Farbstifte. Entspannen Sie sich, oder machen Sie eine Meditationsübung. Lassen Sie Ihre Hand frei malen, und schauen Sie zu, was Sie schaffen. Lassen Sie Ihre Gefühle in das Bild fließen. Lassen Sie die Bewegungen Ihrer Hand spontan werden. Sie sind vielleicht ruckartig oder fließend. Haben Sie das Gefühl, Ihr Bild sei unvollständig, dann ergänzen Sie es.

Haben Sie das Bild beendet, dann beurteilen Sie es zunächst intuitiv. Betrachten Sie dann das Bild auf analytische Weise. Achten Sie auf Formen, Farben, Raumaufteilung. Enthält das Bild Dynamik, oder ist es starr? Wie ist die Stimmung des Bildes? Sind die einzelnen Bildelemente miteinander verbunden oder isoliert? Bereits bei der Betrachtung des Bildes können Sie Erinnerungen und Intuitionen erleben. Schreiben Sie diese auf ein anderes Blatt. Bemühen Sie sich also, die in Bilder umgesetzte psychische Energie nun in Worten auszudrücken. Nach einiger Zeit wird Ihnen bewußt, daß das Verständnis der Bilder über eine analytische Deutung allein hinausgeht. Fällt Ihnen nichts zur Zeichnung ein, dann nehmen Sie sie später wieder zur Hand. In solchen Zeichnungen offenbaren sich Formen, Tiere, Gegenstände, Monster, Körper aller Art. Der kreative Ausdruck der Energien vermittelt fast immer schon eine erhebliche Freude. Ihre Einsichten und Ihr Verständnis werden größer, wenn Sie mehrere Zeichnungen gemacht haben. Sie vermögen dann durch den Vergleich das Wesentliche leichter zu erkennen.

Freies Malen ist eine ausgezeichnete Möglichkeit, die tieferen Schichten Ihres Bewußtseins an die Oberfläche treten zu lassen.

Für viele Menschen hat auch das freie Schreiben eine große Bedeutung. Sie kommen dann dazu, Dinge auszudrücken, an die Sie vorher nicht gedacht haben. Ein Gefühl zieht das andere nach sich. Was auch immer Sie tun: Die Muster werden sich verändern. Zur Wandlung Ihrer Persönlichkeit werden wir aber auch die aktive Imagination einsetzen, die den Prozeß der Entfaltung abkürzt (siehe Kapitel 8).

5. Seelische Ganzheit und Harmonie

Wenn Sie zur seelischen Ganzheit und Harmonie gelangen wollen, dann müssen Sie

1. Ihre Individualität und Ihren Verstand entfalten;
2. Ihr Gefühl und Ihre Intuition verstärken und aus Ihrem Tiefenbewußtsein schöpfen.

Es gilt also, sowohl mit der sinnlich greifbaren Wirklichkeit als auch mit der sinnlich nicht greifbaren Wirklichkeit in Beziehung zu treten. Abb. 1 verdeutlicht Ihnen den Zusammenhang. Zwischen Ihrem Oberflächenbewußtsein und Ihrem Tiefenbewußtsein vermittelt Ihr Kern, den wir auch als Ihr höheres Selbst bezeichnen.

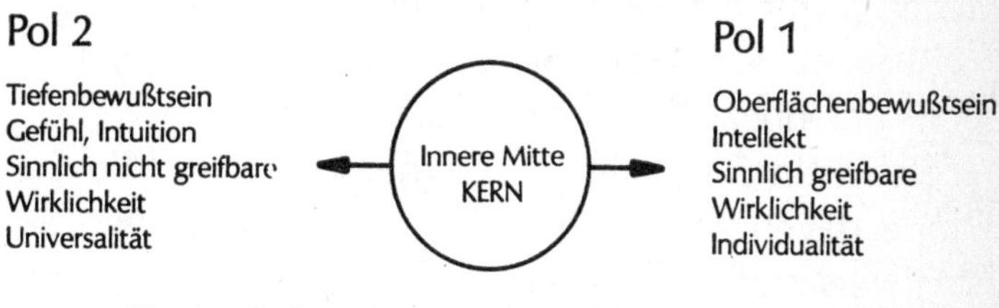

Abb. 1: Tiefenbewußtsein – Kern – Oberflächenbewußtsein

Wenn Sie sich um beide Lebensbereiche bemühen, dann vollzieht sich in Ihnen die Entwicklung, deren Anlage Sie in sich tragen.

Mit Pol 1 Ihres Lebens beschäftigt sich die Wissenschaft, mit Pol 2 die Religion und Mystik. Eine Religion hat nur dann Bedeutung, wenn sie auch gefühlsmäßig nacherlebt werden kann. Wirkliche Religion weckt tiefste Gefühle. Ein religiöses Dogma erschließt Ihnen aber noch nicht die Welt religiösen Erlebens, d. h. die Erfahrung einer höheren Wirklichkeit.

Sie können durchaus ein religiöser Mensch sein und rational denken. Das religiöse Erleben gibt dem rationalen (wissenschaftlichen) Denken Tiefe und Sinn. Das rationale Denken verhilft Ihnen zu größerer Klarheit über sich selbst. Sie entwickeln mehr Beurteilungsfähigkeit gegenüber den inneren Erlebnissen.

Beim religiösen Erlebnis werden große Kräfte aktiviert. Da die Symbole das Ausdrucksmittel der höheren Wirklichkeit sind, gibt es ohne die Symbole kein religiöses Erleben. Wenn Sie überhaupt nichts von der Symbolsprache wissen, vermögen Sie auch keine Beziehung zu Ihrem Tiefenbewußtsein zu schaffen.

Entwickeln Sie daher Ihre Vernunft. Machen Sie Gebrauch davon. Erweitern Sie Ihr Wissen, brauchen Sie Ihren Verstand. Ihre tiefsten Erfahrungen können zwar nie restlos von Ihrem Verstand begriffen werden, Ihre tiefsten Erfahrungen sollten aber auch nicht Ihre Vernunft ausschalten.

Zusammenfassung

1. Meditation verbindet Sie mit Ihrem Tiefenbewußtsein.

2. Die Lenkung Ihres Bewußtseins auf die innere und auf die äußere Wirklichkeit verstärkt Ihre Konzentrationsfähigkeit.

3. In der Meditation kommen Sie nicht nur in Kontakt mit Ihrer Individualität. Sie erfahren archetypische und andere universelle Bewußtseinsbereiche.

4. Meditation erschließt Ihnen Kraft, Liebe, Mitgefühl, Freude und innere Harmonie.

5. Die von Ihnen erfahrenen Symbole drücken sehr oft Tendenzen in Ihrer Entwicklung aus.

6. Drogenerlebnisse und selbsthypnotische Trancezustände haben für Ihre Weiterentwicklung keinen Wert.

7. Verstand, Wille, Wissen und Erkennen müssen entwickelt werden. Nur so vermögen Sie von den Erfahrungen Ihres Tiefenbewußtseins den richtigen Gebrauch zu machen.

8. Die Visualisierung der aufblühenden Rose bringt den Bilderstrom in Ihnen zum Fließen.

9. Wandelt sich Ihr Bewußtsein, dann verändert sich auch Ihre Erfahrung der Welt.

10. Freies Malen bringt blockierende, unbewußte Energien in Ihnen zum Fließen.

11. Freies Malen legt versteckte Tendenzen Ihrer Psyche frei, die Ihr Leben beeinflussen.

12. Ihre gemalten Bilder sind sichtbar gemachte innere Kräfte. Versuchen Sie, Ihre gemalten Bilder auch mit dem Verstand und dem Symbollexikon zu deuten.

13. Sie erreichen Ganzwerdung, wenn Sie Ihren Verstand schulen, Ihr Wissen vergrößern, mit den Kräften Ihres Tiefenbewußtseins in Kontakt treten und Ihren Willen auf Ihre Ziele ausrichten.

DIE SYMBOLIK DES LICHTES UND DER FARBEN

KAPITEL III

1. Allgemeines zu den Farben

Stellen Sie sich vor, es gäbe keine Farben. In was für einer trostlosen Welt würden wir leben. Farben sind etwas sehr Wichtiges in unserem Leben. Physikalisch ist jede Farbe durch eine bestimmte Wellenlänge und Frequenz (Schwingungszahl) gekennzeichnet. Die Farben haben aber noch eine viel größere Bedeutung, als nur Energieträger zu sein. Farben haben ihre eigene Sprache und lösen Gefühle aus. Einige Farben wirken anregend, andere wiederum traurig. Sie können bei Ihnen zum Beispiel Freude, Lebenskraft, aber auch Gelassenheit und Klarheit oder Einsamkeit auslösen. Wahrscheinlich haben Sie, wie die meisten Menschen, eine Lieblingsfarbe. Und gewiß gibt es Farbtöne, die Sie nicht mögen.

Farben beeinflussen Ihr Gefühlsleben positiv oder negativ. Nun kann es Farben nur dort geben, wo auch Licht existiert. In der dunklen Nacht erkennen Sie keine Farbe. Farben erkennen Sie nur dann, wenn Licht in die Dunkelheit fällt. In einem Gedicht äußert sich Hermann Hesse über die Bedeutung der Farben:

»Gottes Atem hin und wieder,
Himmel oben, Himmel unten,
Licht singt tausendfache Lieder,
Gott wird Welt im farbig Bunten.«

In der farbigen Welt spiegelt sich also etwas vom Geheimnis Gottes. Ob Sie die Farben verstehen oder nicht, Sie können sich ihrer Wirkung nicht entziehen. Ihr eigenes Energiesystem hat es sogar zu einer Meisterschaft gebracht, sich in Farben auszudrücken.

Aus meinen Meditationsseminaren weiß ich, daß in der Meditation Menschen ein Spiel von Farben erleben. Das ist deshalb so, weil in der Meditation ihr Energiesystem auf einer höheren Frequenz schwingt.

Arbeiten Sie an Ihrer spirituellen Entwicklung, dann tauchen violette Farben in den Träumen auf. Violett ist die Farbe der Umwandlung; negative Energien werden in positive verwandelt. Der Mensch erlebt Schwingungen von Freude und von Glück. Niedere Schwingungszustände wie nach Genuß von Alkohol oder Tabak befriedigen ihn nicht mehr. Die Tradition kennt seit Jahren den Begriff der Aura. Die Aura ist eine feinstoffliche Ausstrahlung des Menschen, die den ganzen Körper einhüllt. In der Farbveränderung der Aura des Menschen offenbart sich sein Charakter und seine innere Verfassung. Demnach ist die Farbe das Gewand jedes Wesens. In der Farbe offenbart sich das Unsichtbare. So ist Farbe die tiefste Offenbarung. Die Beziehung der Farben ist aber noch umfassender. Farben spielen für Ihr geistiges Leben die Rolle, die Nahrung, Wasser und Luft für Ihren Körper haben.

Jede Farbe ist ein Symbol, in dem sich die universelle

Wirklichkeit widerspiegelt. Farben vermitteln Ihnen Nuancen des Erlebens, die der Intellekt nicht ausdrücken kann. Die Tiefe des Erlebens ist ein Charakteristikum der Farbe.

Ihr Intellekt braucht Klarheit, Folgerichtigkeit, Unterscheidungsvermögen und Logik. Das Gefühl erfordert Tiefe, durch die Farben vermittelt. Es gibt drei primäre Farben: Rot, Gelb, Blau. Aus ihnen können alle anderen Farben abgeleitet werden. Es ist gewiß kein Zufall, daß die Struktur der Welt dreidimensional ist und es drei Grundfarben gibt.

2. Die Farbe Rot

Das Rot ist die Farbe des Chakras (= Energiezentrum) des Wurzelzentrums. Rot ist ein Zeichen großer Energie, ein Zeichen für Leben und Kraft. Rot ist aber auch ein Zeichen für Wut und Entrüstung. Die Formulierung »Er sieht rot« spricht deutlich davon.

Schon in Urzeiten haben sich die Menschen rot angemalt, um ihre große Kraft zum Ausdruck zu bringen. Rot ist die Farbe der Tatkraft und des Willens. So wundert es nicht, daß auch das Liebesverlangen durch die Farbe Rot ausgedrückt wird.

Rot ist nicht nur die Farbe des Anfangs, sondern auch die Farbe des Endes und des Todes. Die Unterwelt, die

Dämonen und der Teufel werden durch eine rote Farbe beschrieben. Die Menschen brachten schon in Urzeiten die Farbe Rot mit dem Tod in Verbindung. Die Skelette waren mit einer roten Farbe überzogen.

Für den ersten Menschen hatten die Farben Weiß-Rot-Schwarz eine sehr große Bedeutung. Die Polarität zwischen Lebensglück und bedrohender Finsternis wurde durch die Farben Weiß-Schwarz symbolisiert. Rot ist in diesem Zusammenhang auch die Farbe des individuierten Menschen in dem ewigen Wechsel zwischen Leben (Weiß) und Tod (Schwarz).

3. Die Farbe Blau

Das Blau ist nicht aggressiv. Der blaue Himmel ist das Zeichen der unendlichen Weite und der unermeßlichen Tiefe. Blau ist die Farbe des Geistes, der Stille. Wenn Sie sich nach Ruhe und Entspannung sehnen, so bevorzugen Sie die Farbe Blau. Blau wird nicht nur assoziiert mit der Tiefe des Himmels, sondern auch mit der Einheit und der Unendlichkeit des gesamten Universums. Das Blau ist daher das Symbol des Urgrunds aller Existenz. In der christlichen Symbolik bringt der blaue Mantel von Maria die alles umarmende Universalität der Gottesmutter zum Ausdruck. Wenn die Menschen zum blauen Himmel aufschauen und um Hilfe bitten, dann erwecken sie die Kraft in ihrem eigenen Innern. Diese Kräfte werden nach außen projiziert und als weiter Raum erlebt. Wenn Sie die Tiefe und das Blau des Himmels betrachten, so versenken Sie sich in die Tiefe Ihres eigenen Wesens. Das Bewußtsein wird in ungetrübter Klarheit erlebt. Begehren, Verurteilen, Gedanken oder Vorstellungen existieren nicht. Das ist die Ursache für das sich entwickelnde Glücksgefühl. Die Meditationsbilder des Mahayana (Buddhismus des großen Fahrzeuges) haben im Zentrum ein tiefes Blau. Das blaue Licht ist im Bardo Thödal, dem tibetanischen Totenbuch, die Urform des Bewußtseins.

Ebenso wie beim Rot gibt es auch beim Blau verschiedene Farbnuancen. Das dunkle Blau wirkt in die »Tiefe« ziehend. Das helle Blau dagegen wirkt fröhlicher.

4. Die Farbe Gelb und das Gold

Die Farbe Gelb hat Lichtcharakter. Da sie die lichtvollste Farbe ist, wird sie dem Verstand und dem Wissen zugeordnet. Sie ist Ausdruck der Wahrheit. Getrübtes Gelb ist der Ausdruck von Neid, Falschheit, Mißtrauen, Verrat.

Im Gold bekommt das Gelb einen strahlenden Glanz. Weil die Sonne in vielen Kulturen das Symbol Gottes war, wurde das Gold mit dem Göttlichen in Verbindung gebracht. So wurden die Figuren der Götter und Kultgegenstände aus Gold hergestellt. Wegen der Faszination des

Goldes auf den Menschen wurden viele Kriege geführt und Grausamkeiten begangen. Das Gold verzaubert den Menschen, es weist über die irdische Realität hinaus. Es kann als Symbol des Formlosen und des Geistigen betrachtet werden, das sich mit der Materie verbindet. Die Künstler haben Christus mit Gold dargestellt. Die leuchtend goldene Strahlung symbolisiert im Buddhismus die Weisheit der Wesensgleichheit alles Lebenden.

5. Die Farbe Grün

Grün entsteht durch die Mischung von Gelb und Blau. Grün wird auch als sekundäre Farbe bezeichnet. Wenn der Frühling durchbricht, dann sprießt das Grün. Die Farbe hat passiven Charakter, sie ist nicht aufdringlich. Grün ist die Farbe der Pflanzenwelt. Grün drückt Hoffnung und Ruhe aus. Wissen und Glauben sind in Grün vereinigt. Wenn Sie sich nach Grün sehnen, dann möchten Sie sich erneuern. Grün ist das Zeichen des Wachstums.

Im Gelbgrün äußert sich die frühlingshafte Natur. Im Frühsommer finden Sie das Gelbgrün, das Fröhlichkeit und Hoffnung symbolisiert. Tendiert das Grün zum Blau, dann erhöht sich die geistige Komponente. Im Manganoxydblau hat Blaugrün seine schönste Kraft. Der Modulationsreichtum von Grün ist sehr groß.

6. Andere Mischfarben

Die drei primären Farben, Rot, Gelb, Blau, können aus keiner anderen Farbe abgeleitet werden. Die Vermischung von Blau und Rot ergibt Violett. Die Kombination von Rot und Gelb führt zu Orange. Die Vermischung von Gelb und Blau ergibt Grün. Rot, Gelb und Orange sind aktive Farben. Grün, Violett und Blau sind passive Farben.

Vergleichen wir die Aktivität der beiden Farben Rot und Gelb, so zeigen sie den Unterschied wie Feuer und Licht, wie emotionale und intellektuelle Tätigkeit.

Orange, die Vereinigung von Rot und Gelb, enthält Wärme und Licht. Es vereinigt gleichsam Gefühl und Wissen, es drückt den Menschen in seiner Ganzheit aus. Daher wird die Farbe in der ganzen Welt verwendet, um die Aura eines Heiligen zum Ausdruck zu bringen.

Das Blau ist die Komplementärfarbe von Orange. Blau ist die einzige passive Primärfarbe. Die Passivität von Blau mit seinen kosmischen Möglichkeiten ist aber nicht mit der von Grün zu verwechseln, die vegetative Passivität zum Ausdruck bringt. Violett ist die Vereinigung der aktivsten Farbe Rot mit der passivsten Farbe Blau.

7. Die Farbe Schwarz

Schwarz ist eigentlich keine Farbe. Schwarz schluckt alle Farben auf; der farbliche Ausdruck fehlt.

8. Die Farbe Weiß

Weiß ist eine Kombination aller Farben. Weiß symbolisiert eine Vereinigung auf höchster Ebene. Manche Menschen benutzen daher Weiß, um ihren Körper mit Energien von höheren Schwingungen durchdringen zu lassen.

Weiß ist die Farbe der Vollendung. Das Endziel ist erreicht. Das erreichte Endziel wird im weißen Gewand des auferstandenen Christus und in den weißen Gewändern der Engel und Heiligen zum Ausdruck gebracht. Die weiße Farbe ist sowohl ein Anfangs- wie auch ein Endsymbol.

Ihr Bewußtsein wird immer von dem angezogen, was Sie als Höchstes in sich ausbilden. Haben Sie bei sich höhere Qualitäten verwirklicht, dann wird Ihr Bewußtsein von den Schwingungen des reinen Lichtes angezogen, und es vermag mitzuschwingen. Haben Sie die höheren Qualitäten jedoch bei sich nicht gebildet, so stehen die Schwingungen des Lichtes nicht mit Ihrem Wesen in Einklang. Sie fühlen sich dann gleichsam von der Klarheit des Lichtes geblendet. Ihr Bewußtsein bevorzugt dann die trüben Farben, von denen sich Ihre Instinkte angezogen fühlen.

Das Bardo Thödal, das tibetanische Totenbuch, beschreibt Zustände, die das Bewußtsein nach dem Tode, also nach der Abtrennung vom Körper, erlebt. Darin heißt es, daß für diejenigen, deren Bewußtsein nicht entwickelt ist, die Lichterscheinungen im »Bardo der Wirklichkeit« erschreckend seien. Wer jedoch durch eigene meditative Erfahrung gestärkt ist, wer das Licht und die Farben, die aus dem eigenen Tiefenbewußtsein emporsteigen, kennt, der erlebt keine Angst, sondern eine große Harmonie. Daher ist es so wichtig, daß Sie niedere Bewußtseinszustände wie Anhaften, Gier, Neid, Stolz, Zorn, Unwissenheit und Selbstsucht überwinden und meditieren.

Nach dem weißen Licht erscheinen gemäß dem Bardo Thödal dem Bewußstein andere klare Farben. Erst wenn sich das Bewußtsein davon nicht angezogen fühlt, erscheinen am Ende des »Bardo der Wirklichkeit« die trüben Farben, die niederen Bewußtseinszuständen entsprechen. Wer sein Bewußtsein zu Lebzeiten nicht auf ein höheres Niveau gebracht und von Trübungen gereinigt hat, wird nach dem Gesetz der Wahlverwandtschaften von den trüben Farben angezogen.

Wenn das Sonnenlicht durch die vielen Wassertröpfchen einer Regenwolke gebeugt und gebrochen wird, so entsteht der Regenbogen. Obwohl der Regenbogen eine nichtmaterielle Erscheinung ist, kann er doch gesehen werden. Im Regenbogen sind die Farben so zueinandergebracht, daß ein harmonisches Ganzes entsteht. Hermann Hesse drückt es so aus:

»Weiß zu Schwarz, und Warm zum Kühlen
Fühlt sich immer neu gezogen,
Ewig aus Chaotischem Wühlen,
Klärt sich neu der Regenbogen.«

Da der Regenbogen nur für eine bestimmte Zeit existiert, ist er ein Symbol für die Vergänglichkeit, in der ewige Gesetze wirken. Der Regenbogen ist ein Symbol des Nichtgreifbaren der Wirklichkeit. Der Regenbogen ist auch eine Brücke zwischen dem Greifbaren und Nichtgreifbaren, zwischen dem Sichtbaren und dem Unsichtbaren, zwischen dem Unendlichen und dem Endlichen. Der Regenbogen ist gleichsam ein Tor zu den Geheimnissen der Welt. So ist der Regenbogen eines der bedeutendsten archetypischen Symbole überhaupt. Der Regenbogen ist ein Symbol für Gesetze, die sich in einer veränderlichen Welt immer neu enthüllen. Die Schönheit des Regenbogens macht es deutlich, daß die Gesetze des Lebens und der Entfaltung nicht solche des Zwangs, sondern der Harmonie sind.

Zusammenfassung

1. Farbe ist das sichtbare Element, durch das sich das Unsichtbare zeigt. Farbe ist Symbol der universellen Wirklichkeit.

2. Farben sind Energieträger. Sie haben ihre eigene Sprache und lösen Gefühle aus.

3. Da in der Meditation die Schwingungsebene des Bewußtseins verändert wird, erleben Sie Farben.

4. In der Farbe der Aura des Menschen offenbart sich sein Charakter und seine innere Verfassung.

5. Tiefe des Erlebens ist ein Charakteristikum der Farbe.

6. Ihr Intellekt braucht Klarheit, Folgerichtigkeit, Unterscheidungsvermögen und Logik. Die Gefühle erfordern Tiefe; die Farben vermitteln sie.

7. Rot, Gelb und Blau sind primäre Farben, alle anderen Farben leiten sich davon ab.

8. Rot, Gelb und Orange sind aktive Farben. Blau ist eine passive Farbe.

9. Grün ist eine passive Sekundärfarbe.

10. Schwarz schluckt alle Farben auf.

11. Sie werden in Ihrem Bewußtsein immer von dem angezogen, das Sie als Höchstes in sich ausbilden.

ZAHLENSYMBOLE

KAPITEL IV

1. Die Struktur der Zahlen

Die Numerologie – die Wissenschaft von den Zahlen – beschäftigt sich mit dem Wesen der Zahlen. Schon seit Urzeiten haben die Zahlen in den Geheimlehren der Völker eine mystische Bedeutung. Die frühen Menschen erkannten zunächst den Zweierrhythmus von Tag und Nacht und die Viererperiode der Mondphasen im Rhythmus der 28 Tage. Die Beobachtung des Himmels führte zu astrologischen Betrachtungen und brachte den Menschen dazu, mit Zahlen umzugehen. Eine sehr große Leistung vollbrachte die mittelamerikanische Kultur der Maya. Etwa 8500 vor unserer Zeitrechnung wurde das erste Zahlensystem entwickelt. Mit ihm wurden die Planetenbahnen und kosmische Ereignisse berechnet.

Wenden wir uns nun den Zahlensymbolen zu. Die Zahlen sind nichts Erdachtes oder Konstruiertes. Da die Zahl eine Urqualität – eine Wirklichkeit höherer Ordnung – ist, zeigt sich in der Betrachtung der Zahlen auch eine Offenbarung der Schöpfung. Die Zahlen sind also ebenso wie die Sprachen etwas, was der Mensch bereits vorfand. Die folgenden Betrachtungen über die Zahlen sollen das verdeutlichen. Eine aus mehreren Ziffern gebildete Zahl kann durch Bildung der Quersumme ein oder mehrmals addiert werden, so daß sich nur eine einzige Ziffer ergibt, zum Beispiel:

$$10 = 1 + 0 = 1$$
$$11 = 1 + 1 = 2$$
$$12 = 1 + 2 = 3$$
$$13 = 1 + 3 = 4$$
$$1988 = 1 + 9 + 8 + 8 = 26 = 8$$

Dieses Verfahren wird auch als theosophische Reduktion bezeichnet. Es ergibt sich also, daß alle Zahlen nur verschiedene Darstellungen der ersten neun Ziffern sind. Der erste Zyklus geht von 1 bis 10. Dann fängt die Entwicklung von 1 bis 9 auf einer anderen Ebene an. Die Ziffern 1 bis 9 sind also das Muster der Entwicklung.

Eine andere Art der Addition ist die, daß man alle Ziffern einer Zahl von 1 bis zu ihr selbst addiert. Dieses Verfahren wird als theosophische Addition bezeichnet.

Beispiel: der theosophische Wert der Zahl 2

$$1 + 2 = 3$$

der theosophische Wert der Zahl 3

$$1 + 2 + 3 = 6$$

der theosophische Wert der Zahl 4

$$1 + 2 + 3 + 4 = 10$$
aus 10 wird $1 + 0 = 1$

der theosophische Wert der Zahl 7

$$1 + 2 + 3 + 4 + 5 + 6 + 7 = 28$$

aus 28 wird $2 + 8 = 10 = 1 + 0 = 1$

Die Anwendung beider Verfahren läßt die innere Struktur im Zahlenaufbau erkennen.
Es ergibt sich demnach, daß die Zahlen 1, 4, 7, 10, 13 usw. alle gleich 1 sind. Der Aufbau der Zahlen erfolgt also in Dreierschritten. Die Zahl 4 drückt die Einheit 1 auf einer höheren Ebene aus. Es läßt sich also schreiben

1	2	3
4	5	6
7	8	9
10	11	12
13	14	15

Die Zahlen der ersten senkrechten Reihe drücken die Einheit 1 auf verschiedenen Ebenen aus. Alle Zahlen können also auf die ersten vier Zahlen

1	2	3
4		

zurückgeführt werden.

Der vierte Schritt ist eine Wiederholung der Dreiheit. Der Ursprung aller Zahlen sind also die ersten vier Zahlen. Den ersten vier Zahlen ordnet man folgende Grundgedanken zu:

Die 1 ist die Einheit, von der sich alles ableitet. Sie ist das aktive, männliche, schöpferische Prinzip (+).

Die 2 stellt das passive, weibliche, aufnehmende Prinzip dar, das sich mit dem Prinzip der 1 vereinigen kann (−).

Die 3 als das Ergebnis der Vereinigung von 1 und 2 ist neutral.

Mit der 4 beginnt ein neuer Schritt. Da die geraden Zahlen weiblich (−) sind, ist die 4 weiblich (−). Da aber mit der 4 eine neue Ebene beginnt, ist die Zahl auch positiv (+). Insgesamt ist die 4 also bipolar.

Da die Zahlen Energiesymbole sind, unterliegen sie auch dem Polaritätsgesetz. So sind die ungeraden männlich und positiv und die geraden weiblich und negativ. Die Begriffe positiv und negativ sind hier nicht wertend gemeint. Sie drücken vielmehr zwei Aspekte einer Sache aus, vergleichbar dem Plus- und dem Minuspol der Elektrizität. Die Polarität ist notwendig, denn sie bringt die Energie zum Fließen. So werden Kräfte in Bewegung gebracht. Leben heißt Bewegung. Aber auch die Bewegung hat einen Gegenpol, nämlich die Ruhe. Nur durch Bewegung *und* Ruhe werden die Kräfte schöpferisch.

Es wurde gezeigt, daß sich die Entwicklung der Zahlen immer in Dreierschritten vollzieht. Die Zahl 3 entspricht in der Geometrie dem Dreieck.

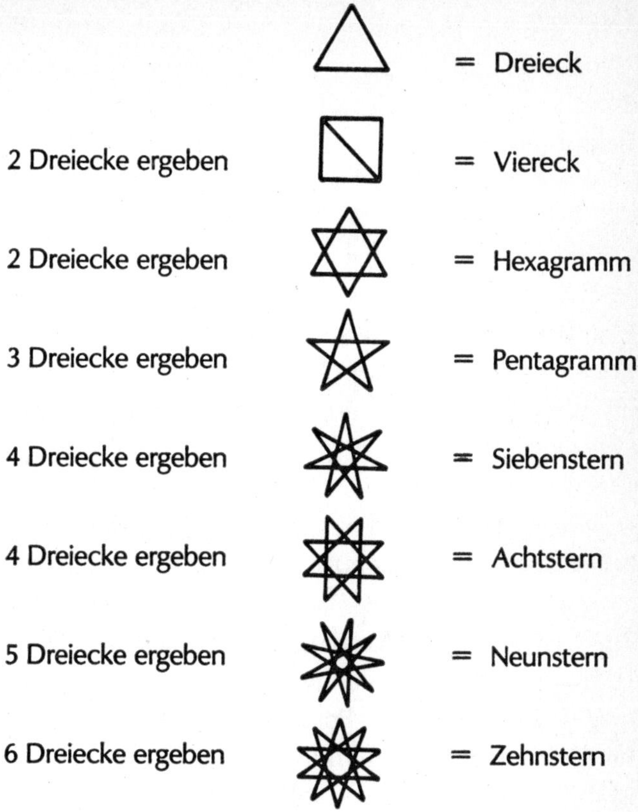

Abb. 2: Aufbau von Vielecken aus dem Dreieck

Alle Vielecke, die auf das Dreieck folgen, lassen sich aus Dreiecken aufbauen, wie Abb. 2 zeigt. Auch in der Geometrie lassen sich also die Figuren auf die 3 (Dreieck) zurückführen.

2. Die Eins und die Zwei

Es gibt keine kleinere ganze Zahl als die 1. Sie ist ein Symbol für die ungeteilte Ganzheit und wird daher als die Zahl Gottes angesehen. Angelus Silesius hat es so formuliert:

»Die Zahlen alle gar sind aus dem Eins geflossen
Und die Geschöpf zumal aus Gott dem Eins entsprossen.«

Die 1 ist ein Begriff für die Einzigartigkeit und Einheit. Die Einheit ist aber für den Menschen nicht vorstellbar. Die Welt wird immer in Polaritäten erfahren. Leben ist nicht denkbar ohne den Tod, Gut nicht ohne die Erfahrung des Bösen usw. Die Zahl 1 steht jedoch über der Polarität, sie ist die Einheit.

Die Zahl 2 ist das Symbol der Polarität. Bereits die alten Chinesen wußten, daß alles in der Welt polar ist. Sie drückten es durch die Begriffe Yin und Yang aus, das sie als das weibliche und das männliche Prinzip bezeichnen. Yin und Yang sind Kräfte, die sich in der Welt äußern. Es gibt kein Yang ohne ein Yin und umgekehrt. Erst durch die Zweiteilung wird die notwendige Spannung hergestellt, die für die Entwicklung des Menschen und der Welt notwendig ist.

Sie selbst spüren die Gegenkräfte in sich. Einen solchen inneren Widerspruch in sich werden Sie schon erlebt haben. Goethe formulierte: »Zwei Seelen ringen, ach, in meiner Brust. Die eine will sich von der anderen trennen.« Zur Einheit und Ganzheit werden Sie aber nur dann kommen, wenn Sie die verschiedenen Seiten in sich akzeptieren. Yang und Yin symbolisieren das Aktive und das Passive, das Gute und das Böse, Geist und Körper, um nur einige Beispiele von vielen möglichen Beispielen zu nennen.

Obwohl Gott über alles erhaben ist, hat er doch einen Gegenspieler, den Teufel. Gott beherrscht zwar den Teufel, läßt ihn aber doch selbständig sein Unwesen treiben. So zeigt sich das Göttliche selbst im Teuflischen.

3. Die Drei und die Vier

Die 3 symbolisiert die Durchsetzung des Polaren mit dem göttlichen Geist. Sie ist die Zahl der Vereinigung. Viele Kulturen sehen sie als heilige Zahl an.

Bereits bei der Betrachtung der Zahlen wurde auf die Zahl 3 und ihre große Bedeutung für die Schöpfung hingewiesen. Die 3 gilt allgemein als Symbol der Vollkommenheit. Die Welt ist dreidimensional und wird durch Länge, Breite und Höhe gekennzeichnet. Die Zeit wird aufgeteilt in Vergangenheit, Gegenwart und Zukunft. Es gibt die drei Grundfarben Rot, Gelb und Blau. Es existieren 3 Zustandsformen der Materie: fest, flüssig und gasförmig. Es wird unterschieden zwischen Himmel, Erde und Hölle. Gott wird auch als Dreiheit beschrieben: Vater, Sohn und Heiliger Geist. Im alten Ägypten waren es Isis, Osiris und Horus.

Die Zahl 3 lebt auch im Aberglauben des Volkes. »Aller guten Dinge sind drei«, so heißt es. Während die Zahl 3 Gott zugeordnet wird, ist die Zahl 4 die Zahl der Welt. Die Zahl 4 ist das Symbol des Materiellen. Der Mond zeigt sich in 4 Phasen: Vollmond, zunehmender und abnehmender Mond und Neumond. Es gibt 4 Jahreszeiten und 4 Elemente. Die 4 Elemente sind Feuer, Erde, Luft und Wasser. Ein Symbol der 4 ist das Quadrat.

4. Die Fünf, die Sechs und die Sieben

5 ist die Zahl der Venus. Das reguläre Fünfeck, das Pentagramm, ist das Symbol der Göttin, denn es zeigt die Bahn der Venus. Abb. 2 zeigt ein Pentagramm. Die Zahl hat für den Menschen eine große Bedeutung. Er hat an jeder Hand 5 Finger, und er hat 5 Sinnesorgane.

Die Zahl 6 ist ein Symbol für weibliche Sexualität, für Ehe und Familie. Die Zahl 6 ergibt sich durch Multiplikation der ersten weiblichen Zahl, der 2, und der ersten männlichen Zahl, der 3. Das mystische Bild der 6 ist der Sechsstern, das Hexagramm, das in Abb. 2 dargestellt ist. Es sind zwei Dreiecke ineinander gestellt. Das eine Dreieck zeigt mit der Spitze nach oben, das andere mit der Spitze nach unten. Die Figur symbolisiert im Altindischen die Verbindung des schöpferischen Vishnudreiecks mit dem zerstörerischen Shivadreieck. Nach der Überlieferung hat Gott die Welt in 6 Tagen geschaffen. Es gibt 6 Arbeitstage, der 7. Tag ist der Ruhetag.

Die Zahl 7 ist eine mystische Zahl. Die Zahl ergibt sich nicht durch Multiplikation von anderen Zahlen. Die 7 ist Symbol des Geheimnisvollen und der Vollkommenheit. Sieben Tage währt eine Mondphase, 7 Farben hat der Regenbogen. Die Zahl wird sehr oft im Alten Testament und in der Offenbarung des Johannes erwähnt. Die Zahl hat darin die Bedeutung des Ewigen und des Unbegrenzten. In der Apokalypse wird die Zahl 7 insgesamt 54mal genannt. Das Vaterunser enthält 7 Bitten. Der Volksmund spricht von den »Siebensachen«, die jemand zusammenpackt.

5. Die Acht, die Neun und die Zehn

Die 8 ist das Symbol der Ewigkeit. Die liegende 8, nämlich ∞, ist mathematisch das Symbol für die Unendlichkeit. Die Christen bauten über mehrere Jahrhunderte achteckige Begräbniskirchen. Die Zaubertrommel der Schamanen ist achteckig. Die 9 beendet die Grundzahlen, die 10 ist eine Wiederholung der 1 auf höherer Ebene.

Die 9 enthält die 3, denn $3 \times 3 = 9$. Die 9 ist ein Symbol für die Vorbereitung auf ein neues Leben. 9 Monate entwickelt sich das Kind im Schoß der Mutter, bevor es geboren wird. Numerologisch gesehen ist 9 eine vollendete Zahl in geistiger und spiritueller Hinsicht. Die Zahl 10 hat im Rahmen unseres Dezimalsystems eine große Bedeutung. Es gibt 10 Gebote Gottes, die Einfluß auf alle Bereiche des Lebens nehmen. Nach der Bibel war der 10. Tag besonders für die Sühne und die Versöhnung geeignet.

6. Die höheren Zahlen

11 ist die Zahl der Jünger Jesu ohne den Verräter Judas. Die 11 ist Symbol der Verbindung von Gott (1) mit der Welt (10). Die Zahl 11 ist auch die Zahl der Narren. Der Karneval beginnt am 11. 11. um 11.11 Uhr. Die

11. Stunde ist die Stunde des Gerichtes. Vor 12 kann der Mensch noch umkehren. Die Zahl ist der Anfang des Wissens von Gott, es ist die Zahl der Heiligen und der Märtyrer.

12 ist die Zahl der Tierkreiszeichen und der Monate des Jahres. Der Tag hat 12 Doppelstunden. Die Stunde hat 60 Minuten (5 × 12).

13 wird von vielen Menschen als Unglückszahl gefürchtet. So fürchten sich nicht wenige Menschen vor dem 13. Tag des Monates, wollen nicht der 13. sein usw. In der kabbalistischen Zahlenmagie hat die 13 eine *positive* Bedeutung.

14 ist die Zahl der Schutzhelfer und Notengel. Nach den Vorstellungen der alten Babylonier begleiten 14 Schutzengel Nergal in die Unterwelt. Die Unterwelt hatte zweimal 7 Tore.

40 ist eine irdische Zahl. Der 40. Geburtstag signalisiert eine wichtige Bedeutung im Leben jedes Menschen. Die Jugend ist verstrichen, das Leben wird jetzt sehr realistisch betrachtet.

50. Wird die Zahl 7 mit sich multipliziert, so ergibt sich 49. Um aber das zyklische Denken der 7 zu überwinden, muß über die 7 hinausgegangen werden. So leitet die Zahl 50 etwas ganz Neues ein. Die österliche Zeit hat 50 Tage. Pfingsten, der Tag des Heiligen Geistes, ist der 50. Tag. Beenden wir hier die Betrachtungen über die höheren Zahlen. Auf höherer Ebene wiederholen sich die

Bedeutungen der Zahlen. Wahrscheinlich ist Ihre Phantasie jetzt auch genügend angeregt, selbst Betrachtungen über die Zahlen anzustellen.

7. Kabbala und Numerologie

Die Kabbala ist eine alte Sammlung von Texten und Geheimlehren. Abraham soll sie direkt von Gott erhalten haben. Nach den Vorstellungen der Kabbala wird das gesamte Universum durch Zahlen und Planeten bestimmt. Die Kabbala drückt die Ansicht aus, daß nicht die Sünde den Menschen von Gott trennt, sondern seine Unwissenheit. Je größer das Wissen des Menschen wird, desto mehr ähnelt er Gott. Die Kabbala wird auch als »Buch der verborgenen Weisheit« bezeichnet. Mit großer Sicherheit ist anzunehmen, daß die Aufzeichnungen der Kabbala wie die Aufzeichnungen des Alten Testamentes von verschiedenen unbekannten Autoren stammen.

In der Kabbala werden Ort und Zeit in Zahl- und Maßbegriffe aufgelöst. Auch ein Name wird auf einen Zahlenbegriff zurückgeführt. Daraus wird sogar auf den Charakter, auf die Vergangenheit und die Zukunft geschlossen. Auf dieser Grundlage machte der große Gelehrte, Zahlenmagier und Astrologe Michel Nostradamus (1503–1566) seine großen Prophezeiungen, von denen sich viele mit erstaunlicher Genauigkeit erfüllten.

8. Die Bedeutung der geraden und ungeraden Zahlen

Bevor wir uns im nächsten Abschnitt damit befassen, welche Zahlen welchen Buchstaben entsprechen, hier noch eine kurze Übersicht über die Bedeutung der Zahlen:

- 1 (+): aktiv, führend, schöpferisch, erneuernd, zielstrebig, kräftig
- 2 (−): empfänglich, intuitiv, passiv, untergeordnet
- 3 (+): künstlerisch, fröhlich, glücklich, erfolgreich
- 4 (−): schwerfällig, langsam denkend, hart arbeitend
- 5 (+): vielseitig, intelligent, abenteuer- und reiselustig, nervös
- 6 (−): häuslich, mütterlich
- 7 (+): individualistisch, mystisch, weltabgewandt, geheimnisvoll, tiefdenkend
- 8 (−): hart arbeitend, weltzugewandt, materialistisch
- 9 (+): hohe Geistigkeit und Spiritualität
- 10 (−): die Zahl der Vollendung
- 11: die Zahl der Offenbarung und des Wissens von Gott
- 12: die 12 Tierkreiszeichen, die 12 Monate des Jahres

9. Die Zahlenwerte der Buchstaben

Als besonders vorteilhaft hat sich das hebräische System erwiesen. Für die im hebräischen Alphabet nicht existierenden Buchstaben wurden folgende Zahlenwerte der Buchstaben des griechischen Alphabets genommen: C = 3, E = 5, F = 8, I = 1, O = 7, U = 6, X = 6, Y = 1. Die Zahl 9 fehlt dabei, denn nach der Überlieferung drückt die Zahl 9 den unaussprechlichen Namen Gottes aus.

Es ist sehr angebracht, auch in der modernen Numerologie nach dem alten System zu arbeiten.

Für die Zahlenwerte der Buchstaben gilt:

A = 1	G = 3	M = 4	S = 3	Y = 1
B = 2	H = 5	N = 5	T = 4	Z = 7
C = 3	I = 1	O = 7	U = 6	
D = 4	J = 1	P = 8	V = 6	
E = 5	K = 2	Q = 1	W = 6	
F = 8	L = 3	R = 2	X = 6	

Bei der Berechnung von Buchstaben in Zahlen ist zu berücksichtigen, daß ö, ä, ü, ß in die Buchstaben oe, ae, ue, ss umgewandelt werden.

10. Beispiele für Berechnungen

Als Beispiele wollen wir die Wesenheiten Vater und Mutter berechnen.

V = 6	M = 4
a = 1	u = 6
t = 4	t = 4
e = 5	t = 4
r = 2	e = 5
	r = 2
18	25

Die Quersumme von 18 ist 1 + 8 = 9. Die 9 ist eine ungerade und männliche Zahl. Sie ist das Symbol für Schöpfungs- und Willenskraft. Die Summe der Buchstaben von Mutter ist 25. 25 = 2 + 5 = 7. Diese Zahl ist die des Geheimnisvollen und der Menschwerdung.

11. Die Namenszahl und ihre Bedeutung

Nach magischer Vorstellung stellt der Name das Wesen eines Individuums dar. Mit seinem Namen unterscheidet sich ein Mensch vom anderen. Schon die alten Römer sagten: »Nomen est omen.« Die Formulierung will sagen:

Der Name bestimmt das Leben. Will ein Mensch ein neues Leben beginnen, so ändert er auch seinen Namen. Wenn ein Mensch als Geistlicher oder als Nonne in einen Orden eintritt, so nimmt er/sie einen neuen Namen an.

Nicht nur Ordensleute haben einen anderen Namen angenommen. Kennen Sie die Namen Ruby Stevens, Doris Kappelhoff, Margarita Causino? Wahrscheinlich nicht. Lesen Sie nun die Künstlernamen der drei Personen, die Sie wahrscheinlich kennen: Barbara Stanwyck, Doris Day, Rita Hayworth. Wußten Sie, daß ein Numerologe Doris Day beraten hat, als der Künstlername für sie gesucht wurde? Für die Berechnungen sollten auch Abkürzungen von Vornamen verwendet werden, mit denen sich der Namensträger identifiziert. So war der volle Name des ermordeten US-Präsidenten John Fitzgerald Kennedy. Der Präsident identifizierte sich aber nur mit der Schreibweise John F. Kennedy.

Hier ein Beispiel für die Ermittlung der Namenszahl:

N o r b e r t	M e y e r
5 + 7 + 2 + 2 + 5 + 2 + 4	4 + 5 + 1 + 5 + 2

= 27 + 17 = 44 = 8

Die Bedeutung der Zahlen entnehmen Sie bitte folgender Übersicht.

Vergleicht man die Häufigkeit der einzelnen Buchstabenzahlen in dem Namen, so ergibt sich folgendes:

2 = viermal
4 = zweimal
5 = viermal
7 = einmal
1 = einmal

Bei diesem Namen sind 2 und 5 die häufigsten Zahlen. Der Charakter des Herrn Norbert Meyer wird also durch die Namenszahl 8 und die am häufigsten im Namen vorkommenden Zahlen 2 und 5 bestimmt.

Jede Namenszahl hat sowohl eine positive als auch eine negative Bedeutung. Wie Sie schon erfahren haben, liegt es am Menschen selbst, ob er seine Energien auf das Positive oder das Negative lenkt.

Über die positive und die negative Bedeutung der Namenszahlen macht folgende Tabelle Aussagen:

Übersicht über die positive (p) und negative (n) Bedeutung der Namenszahlen.

1 (p): starke Individualität, zielstrebig, schöpferisch, erfolgreich, kraftvoll, selbstvertrauend, erfindungsreich, ehrgeizig, begeisternd, durchsetzungsfähig, guter Menschenführer, entschlossen, willensstark, dem Neuen aufgeschlossen.

1 (n): aggressiv, wenig kooperativ, tyrannisch, herrschsüchtig, voreilig, nicht bereit, sich unterzuordnen, sensibel, zu keinen tiefen Gefühlen fähig.

Die 1 wird dem Himmelskörper Sonne zugeordnet.

2 (p): taktvoll, diplomatisch, ausgeglichen, kooperativ, harmonisch, friedfertig, mitfühlend, charmant, fröhlich, bescheiden.

2 (n): wankelmütig, nachgiebig, launisch, falsch, arglistig.

Die 2 wird dem Himmelskörper Mond zugeordnet.

3 (p): geistig interessiert, sehr begabt, phantasievoll, künstlerisch sehr begabt, erfolgreich, ehrlich gegenüber sich selbst, vielseitig, aktiv, fleißig, gesellig, begeisternd, humorvoll.

3 (n): launenhaft, ruhelos, selbstgefällig, unkonzentriert, scharfzüngig.

Die 3 wird dem Himmelskörper Jupiter zugeordnet.

4 (p): hart arbeitend, geduldig, hilfreich, methodisch und logisch, erdverbunden, ausdauernd, gewissenhaft, verantwortungsvoll, verläßlich.

4 (n): schwerfällig, mißtrauisch, Neigung zur Gewalttätigkeit, empfindlich.

Nach der Überlieferung ist 4 die Zahl der Armut und der Niederlage.

Die 4 wird dem Himmelskörper Saturn zugeordnet.

5 (p): intelligent, witzig, begeisternd, reisefreudig, ener-

giegeladen, vielseitig, freiheitsliebend, humorvoll, wortgewandt, geschäftstüchtig, rednerisch und schriftstellerisch sehr begabt.

5 (n): ungeduldig, sprunghaft, inkonsequent, aufbrausend.

Die 5 wird dem Himmelskörper Merkur zugeordnet.

6 (p): häuslich, friedlich, herzlich, idealistisch, harmonisch, hilfreich, tüchtig, selbstlos, gewissenhaft.

6 (n): wenig materiell orientiert, geschäftsuntüchtig, nachgiebig.

Die 6 wird dem Himmelskörper Venus zugeordnet.

7 (p): grüblerisch, reserviert, wissenschaftlich, philosophisch und mystisch interessiert, intelligent, phantasievoll, tiefgründig, hilfreich, würdevoll.

7 (n): melancholisch, sarkastisch, pessimistisch, unnahbar.

Die 7 wird dem Himmelskörper Uranus zugeordnet.

8 (p): stark, erfolgreich, willensstark, praktisch, autoritär, führungsstark, mutig, schnell, Spürsinn für Geldanlagen, kreativ.

8 (n): tyrannisch, schwerfällig, kalt, distanziert, fanatisch, rebellisch.

Die 8 wird dem Himmelskörper Mars zugeordnet.

9 (p): edelmütig, hochherzig, geistig und spirituell be-

gabt, freundlich, human, liebevoll, hilfreich, begeisternd, inspirierend, künstlerisch und rednerisch begabt.

9 (n): intolerant, launisch, traurig, taktlos, melancholisch, egozentrisch.

Die 9 wird dem Himmelskörper Neptun zugeordnet.

11 (p): ähnliche Bedeutung wie die 9, aber auf höherer Ebene, starke Persönlichkeit, große Leistungen auf allen geistigen Gebieten, vital, mutig.

11 (n): intolerant, launisch, egozentrisch, hartherzig.

Errechnen Sie, liebe Leserinnen und liebe Leser, nun Ihre Namenszahl. Vergleichen Sie Ihr Ergebnis mit den Aussagen der Zusammenstellung. Was stellen Sie fest?

12. Die Herzzahl und die Persönlichkeitszahl

Die Herzzahl ist die Summe der Vokale, die in einem Namen enthalten sind. Die Herzzahl macht nach der Numerologie Aussagen über die Interessen, Neigungen und das innere Wesen des Menschen. Hier ein Beispiel für die Herzzahl:

N o r b e r t	M e y e r
7 + 5	5 + 5

$= 12 + 10 = 22 = 4$

(Y wird nur dann als Vokal behandelt, wenn keine andern Vokale im Namen enthalten sind. Enthält der Name also mehrere Vokale, wird y zu den Konsonanten gezählt.)

Die Interessen und Neigungen des Mannes sind also bei positiver Deutung erdverbunden, ausdauernd, gewissenhaft. Er ist methodisch und verantwortungsvoll.

Nun zur Persönlichkeitszahl.

Die Persönlichkeitszahl ist die Summe aller Konsonanten, die im Namen vorkommen. Die Persönlichkeitszahl macht eine Aussage über die äußere Erscheinung und das Auftreten des Menschen.

Die Persönlichkeitszahl von Norbert Meyer ist:

N r b r t	M y r	
5 + 2 + 2 + 2 + 4	+4 + 1 + 2	= 22 = 4

In seinem Auftreten wirkt der Mann vertrauenswürdig, solide, direkt und ehrlich.

13. Die Schicksalszahl

Wenn Sie nach der Numerologie die Schicksalsjahre Ihres Lebens berechnen wollen, so müssen Sie zur Jahreszahl der Geburt die Quersumme der Zahl addieren.

Nehmen wir an, eine Person ist 1935 geboren. Die Quersumme der Zahl ist 1 + 9 + 3 + 5 = 18. Durch folgende Zahlenoperation lassen sich jetzt nach der Numerologie die Schicksalsjahre vorausrechnen.

$$\begin{array}{r} 1935 \\ +\ 18 \\ \hline 1953 \end{array}$$

Ein weiteres Schicksalsjahr läßt sich errechnen, wenn wir zu dem errechneten Schicksalsjahr wieder die Quersumme addieren.

$$1 + 9 + 5 + 3 = 18$$

$$\text{also}\quad \begin{array}{r} 1953 \\ +\ 18 \\ \hline 1971 \end{array}$$

Das nächste Schicksalsjahr ist 1 + 9 + 7 + 1 = 18

$$\text{also}\quad \begin{array}{r} 1971 \\ +\ 18 \\ \hline 1989 \end{array}$$

Was diese Zahl verheißt, läßt sich so ausrechnen: Addieren Sie Geburtstag, Monat und das Schicksalsjahr, und bilden Sie daraus die Quersumme. Der Geburtstag sei der 11. 1. Für das Schicksalsjahr 1989 sieht die Rechnung so aus:

$$11 + 1 + 1 + 9 + 8 + 9 = 39 = 12 = 3$$

Hier eine kurze Übersicht, was die einzelnen Jahre der Schicksalszahlen veranschaulichen.

1: Kämpferische Kräfte und rücksichtsloses Vorgehen. Neue Machtstrukturen und Theorien werden entwickelt.

2: Es leitet eine passive, versöhnliche Phase ein. Mit Gewalt läßt sich nichts lösen. Empfänglichkeit ist vorherrschend.

3: Hat ausgezeichnete Aspekte in künstlerischer und finanzieller Art.

4: Hat wenig günstige Aspekte in wirtschaftlicher Hinsicht. Es gilt, alles sorgfältig zu bedenken, um Unglück zu vermeiden.

5: Risiko, abenteuerliche Reisen stehen bevor.

6: Harmonie und Häuslichkeit herrschen vor.

7: Das Gefühl der Einsamkeit taucht auf. Es ist eine günstige Zeit, sich mit ernsten Dingen zu beschäftigen.

8: Erfolg und Mißerfolg sind ebenso möglich. Finanzielle Angelegenheiten müssen also sorgfältig überdacht werden. Logik und Zähigkeit können zum Erfolg führen.

9: Ein hohes Ziel wird verwirklicht. Alles steht unter einem guten Vorzeichen. Wichtig ist es aber, auf die eigene Intuition zu hören.

Zurück zum obigen Beispiel. Wie aus der Übersicht zu entnehmen ist, ist das Jahr 1989 (Schicksalszahl 3) für die Person ein sehr erfolgreiches Jahr.

14. Konrad Adenauer im Spiegel der Numerologie

Konrad Adenauer war einer der bedeutendsten Politiker. Selbst seine Gegner haben ihn geschätzt. Führen wir für sein Leben eine beispielhafte Berechnung durch:

K o n r a d	A d e n a u e r
2 + 7 + 5 + 2 + 1 + 4	1 + 4 + 5 + 5 + 1 + 6 + 5 + 2
= 21	= 29

Namenszahl:	21 + 29 = 50 = 5 + 0 = 5
Herzzahl:	26 = 2 + 6 = 8
Persönlichkeitszahl:	24 = 2 + 4 = 6

* 5. 1. 1876 in Köln
= 5 + 1 + (1 + 8 + 7 + 6)

Geburtszahl:	5
Monatszahl:	1
Jahreszahl:	22
Gesamtzahl:	28 = 2 + 8 = 10 = 1 + 0 = 1

Schicksalsjahre	1876
+ Quersumme	22
1. Schicksalsjahr	1898
+ Quersumme	26
2. Schicksalsjahr	1924
Quersumme	16
3. Schicksalsjahr	1940
+ Quersumme	14
	1954

Nach der Geburtszahl ist Adenauer ein Fünfer, die Monatszahl des Geburtstages ist die 1. Danach ist er intelligent, beweglich, schlagfertig, humorvoll. Adenauer war wegen seiner Schlagfertigkeit allgemein bekannt und verstand seine Ideen auch durchzusetzen. Die Zahl 5 ist in seinem Namen gleich viermal vertreten. Die Herzzahl 8 zeigt in der positiven Bedeutung eine starke, praktische Persönlichkeit, die kaufmännisch denken und handeln kann. Die Persönlichkeitszahl 6 bringt Gewissenhaftigkeit und Gründlichkeit zum Ausdruck. Da die 5 häufiger vorkommt als die 6, ist die Unruhe betont.

Das erste Schicksalsjahr war für Adenauer 1898. Aus der Geburtstags- und Monatszahl ergibt sich: 5 + 1 + 1 + 8 + 9 + 8 = 32 = 3 + 2 = 5. Risiken, Aufregungen und Anstrengungen sind bestimmend. Für das 2. Schicksalsjahr 1924 ergibt sich: 5 + 1 +1 + 9 + 2 + 4 = 22 = 2 + 2 = 4.

Die Zahl bringt eine wirtschaftliche Niederlage zum Ausdruck. Das dritte Schicksalsjahr 1940 steht unter dem Zeichen der 2 (5 + 1 + 1 + 9 + 4 + 0 = 20 = 2 + 0 = 2). Adenauer erlebte den leidvollen Krieg. Das vierte Schicksalsjahr 1954 mit der Schicksalszahl 7 (5 + 1 + 1 + 9 + 5 + 4 = 25 = 2 + 5 = 7) zeigte sich in beruflichen und in geistigen Angelegenheiten als günstig, nicht aber in persönlichen, privaten Angelegenheiten.

Zusammenfassung

1. Die Numerologie beschäftigt sich mit dem Wesen der Zahlen und ihrer mystischen Bedeutung.

2. Die Zahlen sind nichts Erdachtes. Sie sind Urqualitäten oder Wirklichkeiten höherer Ordnung.

3. Alle Zahlen sind verschiedene Darstellungen der ersten neun Ziffern.

4. Die Entwicklung der Zahlen erfolgt im Dreierschritt. Der vierte Schritt ist eine Wiederholung des Dreierschrittes.

5. Die ungeraden Zahlen sind männlich und positiv, die geraden weiblich und negativ. Die Begriffe positiv und negativ sind hier nicht wertend gemeint.

6. Der Mensch erlebt die Wirklichkeit immer in Polaritäten. Die Zahl 1 steht über der Polarität, sie symbolisiert die Einheit.

7. Die 1 symbolisiert das aktive, männliche Prinzip. Die 2 ist das weibliche, passive Prinzip, das den aktiven Impuls der 1 aufnimmt. Die 3 ist das Ergebnis der Vereinigung.

8. In der kabbalistischen Zahlenmagie ist die 13 keine Unglückszahl, sie hat eine positive Bedeutung.

9. Die Kabbala ist eine alte Sammlung von Texten und Geheimlehren, die Abraham direkt von Gott erhalten haben soll.

10. Die Kabbala und die moderne Numerologie ordnen jedem Buchstaben einen Zahlenwert zu.

11. Nach magischer Darstellung stellt der Name das Wesen eines Individuums dar.

12. Namenszahl, Herzzahl und Persönlichkeitszahl machen nach den Vorstellungen der Kabbala und der modernen Numerologie Aussagen über das Wesen des Menschen.

13. Ihr Schicksalsjahr macht Ihnen Aussagen, wann bedeutende Ereignisse in Ihrem Leben eintreten. Die Heranziehung Ihres Geburtstages macht Ihnen nähere Aussagen dazu.

ASTROLOGISCHE

SYMBOLE

KAPITEL V

1. Die Astrologie als Lehre von den Urprinzipien

Die Astrologie beschäftigt sich mit den archetypischen Urprinzipien. Diese Urprinzipien sind die Bausteine der Wirklichkeit. Sie drücken sich sowohl in der Welt der Ideen als auch in der materiellen Wirklichkeit aus. Die ganze Wirklichkeit in all ihren Erscheinungsformen ist durch Urprinzipien dargestellt. Die Urprinzipien wirken senkrecht in allen Ebenen der Erscheinungsformen.

Schon vor Jahrtausenden nahmen die Menschen 7 Urprinzipien an. Mit diesen 7 Urprinzipien arbeitet die Astrologie; später kamen noch 3 weitere Urprinzipien hinzu. Die Astrologie ist die Lehre von den Urprinzipien und nicht von den Sternen. Wenn die Astrologie zum Beispiel vom Mars spricht, dann meint sie das Urprinzip des Mars. Der Planet Mars ist lediglich ein symbolhaftes Instrument, mit dem in der Praxis gearbeitet werden kann. Aus den Darlegungen wird klar, daß es überhaupt keinen Einfluß der Sterne auf den Menschen gibt. Da die Gegner der Astrologie einen Einfluß der Sterne auf die Menschen bestreiten, wehren sie sich gegen etwas, das die Astrologie gar nicht behauptet. Die Urprinzipien der Wirklichkeit erstrecken sich auf alle Ebenen der Wirklichkeit. Daher kann wegen der Urprinzipien von den Feststellungen der einen Ebene auf andere Ebenen geschlossen werden. Die Bezugsebene der Wirklichkeit ist der Himmel. Die Urprinzipien der Astrologie sind Sonne,

Mond, Merkur, Mars, Venus, Jupiter und Saturn. Später kamen noch Neptun, Uranus und Pluto hinzu. Zwischen den Gestirnen und den anderen Ebenen der Wirklichkeit gibt es jedoch keine kausalen Zusammenhänge.

2. Wie ist die Astrologie entstanden?

Bevor wir uns mit den Grundprinzipien der Astrologie beschäftigen, drängt sich die Frage auf: Wie mag wohl die Astrologie entstanden sein? Die Menschen vor vielen tausend Jahren beobachteten den Himmel. Sie nahmen dabei bestimmte Anordnungen der Sterne wahr und gaben ihnen Namen wie Skorpion, Großer Bär usw. Sie beobachteten Planeten, die wie Wanderer regelmäßig durch den Nachthimmel wandern. Sie bewegen sich in regelmäßiger Folge durch die 12 Sternbilder. Die 12 Sternbilder kennen Sie: Widder, Stier, Zwillinge usw. Sie bilden einen geschlossenen Kreis über und unter der Erde, der als Zodiakus bezeichnet wird. Den Betrachtern früherer Jahrtausende wurde bald bewußt, daß die Planeten wie eine kosmische Uhr sind, mit der die Zeit gemessen werden kann.

Alle alten Völker kannten die 7 Planeten Sonne, Mond, Merkur, Venus, Mars, Jupiter und Saturn, die mit dem bloßen Auge zu sehen sind.

Die Sonne braucht ein Jahr, um durch alle 12 Zeichen

des Zodiakus zu wandern. Der Mond braucht einen Monat. Jupiter benötigt 12 Jahre für einen vollständigen Durchlauf des Zodiakus. Saturn braucht 28 oder 29 Jahre. Als dem Menschen der uhrähnliche Charakter der Planetenkreisläufe bewußt wurde, stellte er Beziehungen her, die die intuitive Kunst der Astrologie hervorgebracht hat. Der Mensch stellte fest, daß sich Dinge entsprechen, wenn Planeten in bestimmten Zeichen stehen. Diesen tiefen Wirklichkeitsbezug in der Astrologie erkannte auch C.G. Jung. Er sprach von Synchronizität (Gleichzeitigkeit) zwischen seelischer Gegebenheit und kosmischer Konstellation. Menschen vorangegangener Jahrtausende hatten noch die tiefe Verbundenheit mit dem Kosmos. In der Menschengeschichte wurde die unbewußte Teilhabe an den kosmischen Kräften – wir wollen sie das kosmische Unbewußte nennen – verschieden erlebt. Im animistischen Zeitalter wurden die Urprinzipien als Dämonen in die Natur projiziert. Im Zeitalter der Mythen wurden sie als Götter in den Himmel oder in die Unterwelt projiziert.

Die meisten heutigen Menschen können das Entstehen der Astrologie nicht nachvollziehen, da sie das kosmische Bewußtsein und die Erfahrungen des Metaphysischen nicht mehr haben, die viele frühere Mystiker noch besaßen.

Wenn Sie die ganze Entwicklungsgeschichte der Menschheit betrachten, so spielen dabei Offenbarungen eine sehr große Rolle. Es ist die Gestaltwerdung eines höchsten geistigen Prinzips. Dieses Entwicklungsprinzip hat sich zum Beispiel in der Sprache geäußert, die nicht durch einfache Konvention von den Menschen gemacht wurde. Gleiches gilt für die Zahlen, auf die schon hingewiesen wurde, und für die Musik. Die Menschen haben also nichts Neues geschaffen. Sie ent-deckten nur etwas, das bereits schon vorhanden war. Aus diesem so Offenbarten wird dann durch viele Bestätigungen eine Erfahrung und daraus eine Erfahrungswissenschaft. Mit anderen Worten: Da der Mensch mit seinem Tiefenbewußtsein am kosmischen Ganzen teilhat, vermag er auch daraus Offenbarungswissen zu schöpfen. Meditation ist eine große Hilfe, die Aufgeschlossenheit dafür zu fördern.

Mit den Erforschungen der Geheimnisse des Menschen sind wir immer noch am Anfang. Wenn Sie keine Meditation betreiben, dann sind Sie gleichsam nur an der Oberfläche Ihres Bewußtseins verhaftet. Sie empfinden sich als ein vergängliches Glied in einer Kette vieler kausal miteinander verbundener Ereignisse. Gelangen Sie aber durch die innere Sammlung in die Vertiefung, dann erfahren Sie die Einheit des Weltganzen in sich selbst. Sie machen Erfahrungen der Zeitlosigkeit. Der Astrologie liegt der Ausspruch des Hermes Trismegistos zugrunde:

Wie oben, so unten
Wie unten, so oben

Streben daher auch Sie eine Teilhabe am Ganzen an. Dann werden auch Ihnen Offenbarungen zuteil. Der Jesuit Teilhard de Chardin machte eine solche Erfahrung, denn er schrieb:

»Mein Leben ist ganz ergriffen von dieser Unvoreingenommenheit, die ich in bezug auf meine Person größer werdend fühle, während gleichzeitig der tiefe Sinn für alles, was im Hintergrund des Wirklichen wirklich ist, wächst.«

Je mehr Sie sich der universellen Mitte nähern, desto größer wird Ihr universelles Erleben. Dabei helfen Ihnen die Symbole und die Archetypen Ihres Bewußtseins.

3. Die 10 Prinzipien der Astrologie

Die 10 Planeten, die die 10 Prinzipien zum Ausdruck bringen, werden mit Symbolen (Abb. 3) beschrieben.

Hier eine kurze Übersicht über die symbolische Bedeutung der 10 Planeten mit den verschiedenen Arten und Ebenen der Energien:

Sonne: der Lebenskern, die Persönlichkeit, das Selbst, Lebensenergie, Schaffenskraft

Mond: das Gemüt, die Emotion, Unterbewußtsein, seelische Energie, Einssein mit allem

Merkur: das Denken, das Handeln, die Vernunft, die Fähigkeit, sich mitzuteilen, geistige Energie

Venus: das Empfinden, das Gefühl, Liebesenergie, Yin-Energie

Mars: der Wille, der Trieb, Stärke, physische Energie, Yang-Energie

Jupiter: Entfaltung, Mission, positive, wohltuende Energie

Saturn: Konzentration, begrenzend, Ordnung, Beherrschung, Klugheit, die mit dem Alter zunimmt, eingrenzende Energie

Uranus: Intuition, neue Wege, Forschergeist, transzendentale Energien, kosmisches Bewußtsein

Neptun: Instinkt, klare Weisheit, hellsichtig

Pluto: Durchsetzung, transzendental

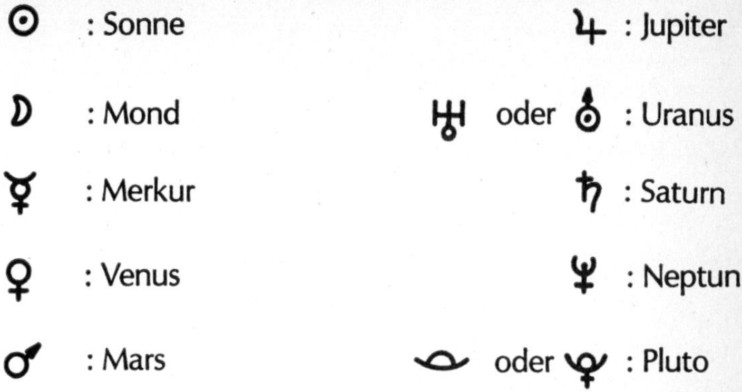

Abb. 3: Die Symbole der Planeten

4. Die Tierkreiszeichen, eine Modifizierung der Urprinzipien

Das Geburtshoroskop zeigt an, wie die Urprinzipien in jedem Menschen zur Auswirkung kommen. Die Wirkung der Urprinzipien wird noch durch die Tierkreiszeichen, die Felder und die Aspekte modifiziert. Beschränken wir uns in diesem Abschnitt nur auf die Tierkreiszeichen (Abb. 4).

Hier eine kurze Übersicht:

Widder:

entwickelt:	feurig, schöpferisch, ungestüm, kämpferisch, von Marsenergie beherrscht
unentwickelt:	aggressiv, gefühllos

Stier:	
entwickelt:	erhaltend, verwurzelt, beharrlich, sicher, von Venusenergie beherrscht
unentwickelt:	materiell, stur
Zwillinge:	
entwickelt:	vermittelnd, beschwingt, veränderlich, von Merkurenergie beherrscht
unentwickelt:	überbetonte Vernunft, unkonzentriert
Krebs:	
entwickelt:	schöpferisch, nach innen gerichtet, einfühlend, vom Mond beherrscht
unentwickelt:	ausweichend, sich zurückziehend
Löwe:	
entwickelt:	feurig, schöpferisch, künstlerisch, darstellend, strahlend, kraftvoll, von der Sonne beherrscht
unentwickelt:	überheblich, egozentrisch
Jungfrau:	
entwickelt:	tüchtig, beherrscht, helfend, von Merkur beherrscht
unentwickelt:	mit sich und anderen nicht zufrieden

Waage:

entwickelt:	schöpferisch, ausgewogen, ausgleichend, künstlerisch, von Venus beherrscht
unentwickelt:	wankend, unentschlossen, gefallsüchtig

Skorpion:

entwickelt:	kraftvoll, leidenschaftlich, Meister der Umwandlung, von Mars und Pluto beherrscht
unentwickelt:	stark emotional, böswillig

Schütze:

entwickelt:	sich entfaltend, der Philosoph, freundlich, gutmütig, von Jupiter beherrscht
unentwickelt:	zerstreut, undiszipliniert

Steinbock:

entwickelt:	schöpferisch, tüchtig, konzentriert, großes Geschick im Umgang mit weltlichen Dingen, erfolgreich, von Saturn beherrscht
unentwickelt:	geizig, humorlos

Wassermann:

entwickelt:	Wegbereiter, Erfinder, von Uranus beherrscht
unentwickelt:	zerstreut, negativ

Fische:

entwickelt:	visionär, hingebend, von Neptun und Pluto beherrscht
unentwickelt:	selbstzerstörerisch, haltlos

Die Stellung der Planeten in den Tierkreiszeichen beeinflußt die Wirkung der Urprinzipien. So ist der Mars im Widder erheblich aggressiver als der Mars im ausgleichenden Tierkreiszeichen Waage. Und der Saturn im Wassermann ist ein Ausdruck größerer Beweglichkeit als der Saturn im Steinbock.

♈	Widder	♎	Waage
♉	Stier	♏	Skorpion
♊	Zwillinge	♐	Schütze
♋	Krebs	♑	Steinbock
♌	Löwe	♒	Wassermann
♍	Jungfrau	♓	Fische

Abb. 4: Tierkreiszeichen

Auf die 12 Tierkreiszeichen bin ich in meinem Buch »Wer ist Dein Freund, Wer ist Dein Feind?« eingegangen.

5. Die Häuser, die Erfahrungsprinzipien der Urprinzipien

Die Felder oder auch Häuser sind der Erdraum, die irdischen Realitäten, in denen sich die von den Tierkreiszeichen modifizierten 10 Urprinzipien manifestieren.

Häufen sich bestimmte Planeten in einem Feld, dann richten sich die Neigungen des Menschen bevorzugt auf diese Lebensbereiche.

Hier eine kurze Übersicht über die 12 Felder:

1. Haus: Verhalten, Wesen, Benehmen, das Ich in seiner entwickelten Form. Ist das 1. Haus stark von Planeten besetzt, dann macht sich jemand leicht zum Maß aller Dinge und wird egozentrisch.

2. Haus: Besitzfeld, eigene Kraftquelle. Ist dieses Haus mit mehreren Planeten besetzt, dann wird eine starke materielle Sicherheit angestrebt.

3. Haus: Kontaktsuche des Ich, Sprache, Aufnahme von Informationen, Sprachtalent, kleine Reisen. Haus 1, 2 und 3 bilden den Egoquadranten. Enthält er viele Planeten, dann nimmt sich der Mensch sehr wichtig und stellt sich in den Vordergrund.

4. Haus: Die Wurzeln des Ich, Heimat, Herkunft, Tradition, Mutterbeziehung. Mit dem Haus 4 beginnt der Familienquadrant, zu dem auch noch die Häuser 5 und 6 gehören. Ist das Haus 4 stark besetzt, dann sind die Interessen sehr auf das Heim und die Familie gerichtet.

5. Haus: Selbstdarstellung, Freude am Leben, schöpferischer Ausdruck, Risikofreudigkeit. Eine starke Planetenbesetzung in diesem Haus weist auf einen Frühstarter hin. Viele Wunderkinder, besonders auf künstlerischem Gebiet, haben diese Konstellation.

6. Haus: Existenzkampf, Leistungsbereitschaft, Dienen.

7. Haus: Du-Zuwendung, Partnerschaft, Verträge, Bindungen.

8. Haus: Das Ich setzt sich mit Grenzfragen auseinander; das Okkulte.

9. Haus: Innerliches Wachstum, selbständiges Denken, Ideale, Sinnfindung, weite Reisen, heiter, philosophische Fähigkeiten.

10. Haus: Karriere, Leistung, Anerkennung, das Ich in der Stellung der Berufswelt.

11. Haus: Ideale, Mitgefühl, soziale Einstellung.

12. Haus: Alleinsein, innere seelische Kraft, das Wissen von den tiefsten Wirklichkeiten, das Jenseits.

6. Die Aspekte, verschiedene Facetten der Urprinzipien

Die erwähnten Urprinzipien werden nicht nur durch die Tierkreiszeichen und die Häuser modifiziert. Auch die Aspekte spielen eine sehr wichtige Rolle.

In Abb. 5 ist ein Kreis dargestellt, und darin sind die Tierkreiszeichen mit ihren Symbolen eingezeichnet. Da der Kreis 360° hat und es 12 Tierkreiszeichen gibt, überstreicht jedes Tierkreiszeichen 30°. Im Bild können Sie sehen, daß Sonne und Mond in Opposition stehen. Oppositionen bringen immer eine Spannung zum Ausdruck. Da die Spannung ein antreibendes Element der Entwicklung ist, ist sie nicht negativ zu sehen.

Schauen wir uns die Konstellation in dem Bild etwas genauer an. Die Sonne steht im Zeichen des Widders, der Mond im Zeichen oder Abschnitt Waage. Unter Beachtung der Ausführungen in Abschnitt 3 und 4 ergibt sich folgendes: Die Sonne, also der Lebenskern des Ho-

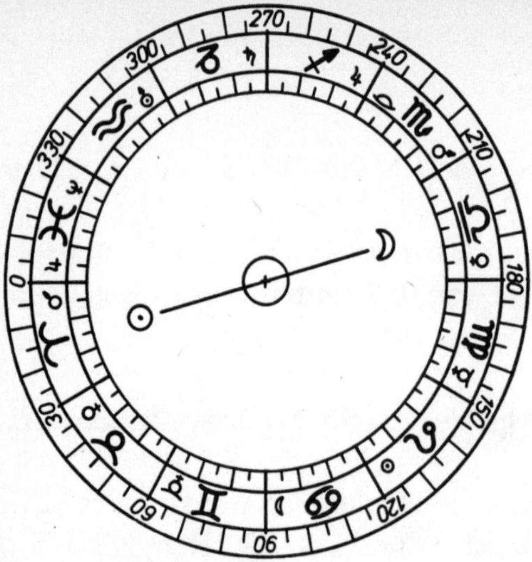

Abb. 5: Opposition Sonne und Mond

roskopeigners, ist aufbrechend und kämpferisch. Der Mond, das Unbewußte, das Gemüt des betreffenden Menschen, ist dagegen auf Ausgleich ausgerichtet. Während der Kern, das Bewußtsein des Menschen, kämpfen will, sucht das Gemüt die Harmonie. Niemand vermag Ziele zu erreichen und kämpferisch zu sein, wenn sich nicht auch das Gemüt des Menschen für die Sache einsetzt. Der Konflikt ist also vorprogrammiert. Der Mensch hat aber die Möglichkeit, an diesem Konflikt zu reifen.

Beschränken wir uns auf dieses Beispiel und wenden wir uns den Quadraten zu. Abb. 6 zeigt eine solche Quadratbeziehung.

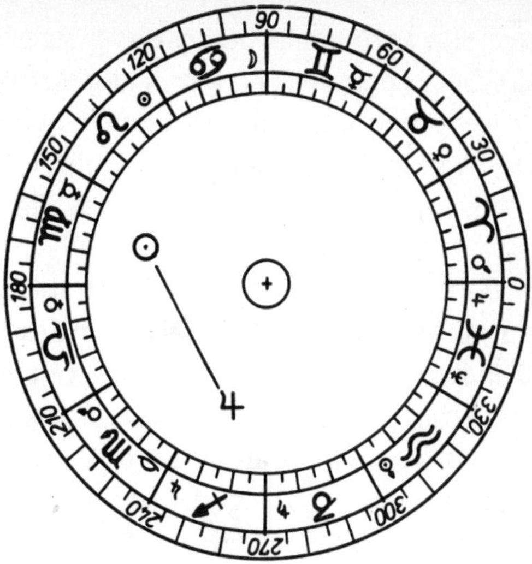

Abb. 6: Quadrat Sonne und Jupiter

Bei einem Quadrataspekt bilden die beiden Planeten einen Winkel von 90°. Früher haben viele Astrologen einen solchen Aspekt als sehr ungünstig angesehen, da er sehr viel Disharmonie zum Ausdruck bringt. Wer begreift, daß Entwicklungen nur durch Krisen möglich sind, bezieht eine sehr positive Einstellung zum Quadrataspekt. Quadrataspekte in Ihrem Horoskop können Sie gleichsam gar nicht verschlafen; sie setzen Sie so lange unter Druck, bis Sie das gelernt haben, was Sie nach Ihrer Bestimmung lernen sollen.

Schauen wir uns Abb. 6 an, in der die Sonne in der Jungfrau und der Jupiter im Schützen steht. Beide bilden zueinander einen Quadrataspekt (im Englischen als SQR abgekürzt). Der Lebenskern ist sehr realistisch, die Entfaltung des Menschen (Jupiter) zielt aber ins Geistige, ins Ideelle. Das wird zu Entwicklungsschwierigkeiten führen. Die Kraft des Jupiters reicht aber aus, das Ziel zu erreichen.

Neben den Oppositionen und Quadranten gibt es noch die Sextile und die Trigone. Bei einem Sextil sind die beiden Planeten 60° voneinander entfernt, bei einem Trigon 120°. Früher bezeichnete die Astrologie die Sextile und vor allem die Trigone als positive Aspekte. Das ist nicht richtig. So zeigt das Trigon Chancen und Talente an, die häufig nicht erkannt und genutzt werden. Trigone zeigen zwar verborgene Fähigkeiten an, sie setzen aber den Menschen nicht unter Spannung, wie es Oppositionen und unangenehme Erfahrungen eines Quadrataspektes tun. Selbst das Sextil versucht, etwas in Bewegung zu setzen.

Abb. 7 zeigt den Mond in den Zwillingen im Trigon zum Mars in der Waage. Das Gemüt ist kontaktfreudig, und der Trieb ist auf Ausgleich eingestellt.

Abb. 8 zeigt ein Sextil von Venus im Zwilling zu Mars im Widder. Gefühl, Wille und Trieb sind aktiv und kämpferisch. Der Wille spornt das Empfinden an, das kontaktierend ist. Beide ergänzen sich.

Die Erfahrung zeigt immer wieder: Zu viele harmonische Aspekte lassen die notwendige Spannung vermis-

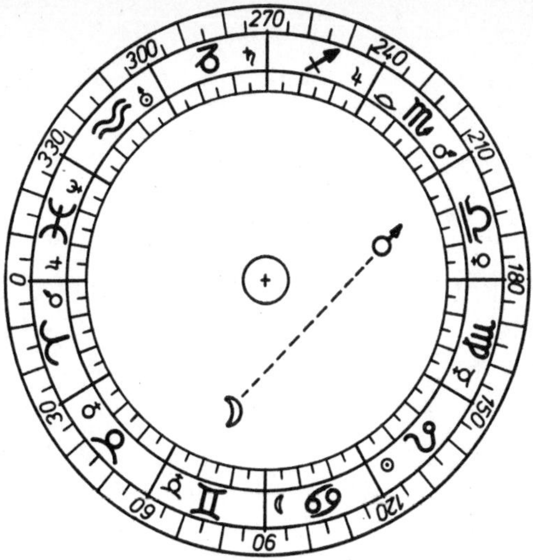

Abb. 7: Trigon Mond Mars

sen, die zur Weiterentwicklung erforderlich ist. Spannungsaspekte machen den Menschen schöpferischer und kämpferischer. Nur wenn es eine sehr große Anzahl von Spannungseffekten ohne helfende Kräfte gibt, so kann das zu Schwierigkeiten führen.

Halten wir fest: Schauen Sie, welche Oppositionen Sie im Geburtshoroskop haben. Diese Kräfte sind zwar gegensätzlich, doch haben Sie die Möglichkeit des Ausgleiches. Ihre Oppositionen offenbaren Ihnen viel über sich.

Schauen Sie in Ihr Geburtshoroskop, wo Trigone und Sextile sind. In diesen Fällen fließt die Energie harmonisch. Das ist meistens auch bei Konjunktionen der Fall

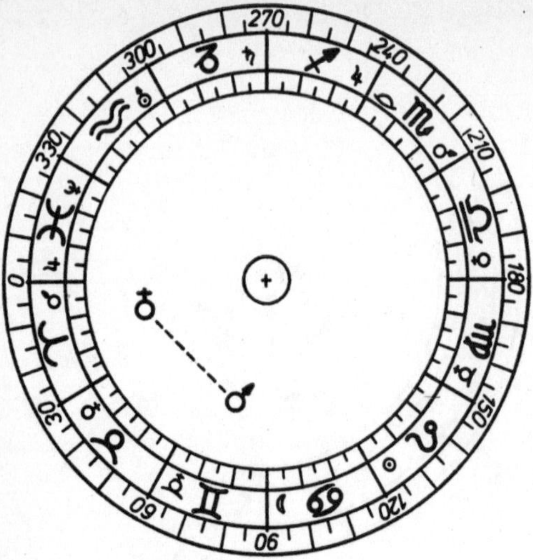

Abb. 8: Sextil Venus Mars

(die Planeten sind benachbart). Schauen Sie, welche Quadrate in Ihrem Geburtshoroskop enthalten sind. Sie stellen Hindernisse, Herausforderungen und Entwicklungsmöglichkeiten dar.

7. Warum die Kenntnis Ihres Geburtshoroskops für Sie so hilfreich ist

Ihr Geburtshoroskop hilft Ihnen, das in Ihnen Angelegte, aber nicht Verwirklichte zu erkennen. Verwirklichen Sie sich in der Richtung, auf die hin Sie angelegt sind, dann werden Sie glücklich. Wer sich jedoch in eine Anpassung zwingt, die seinem Wesen schadet, geht an seinem Leben vorbei. Das Geburtshoroskop zeigt Ihnen Ihre ursprüngliche Natur und dies mit einer solchen Differenziertheit, wie sie keine andere Methode der Menschenkenntnis erreicht. Viele Menschen haben schon sehr viel Gewinn aus der Kenntnis ihres Geburtshoroskops gezogen. Wie Sie es erhalten können, ist am Ende des Buches angegeben. Das Geburtshoroskop hilft Ihnen, Ihre Ziele zu erkennen und sich selbst besser zu verstehen. So werden Sie der oder die, auf den oder die Sie in Ihrer Einmaligkeit angelegt sind.

Zusammenfassung

1. Die Astrologie ist nicht die Lehre vom Einfluß der Sterne auf den Menschen, sondern die Lehre von den Urprinzipien.

2. Die Planeten sind symbolische Darstellungen der Urprinzipien.

3. Die Urprinzipien der Astrologie sind Sonne, Mond, Merkur, Jupiter und Saturn. Später kamen noch Neptun, Uranus und Pluto hinzu.

4. Die Astrologie gibt metaphysische Erfahrungen des Menschen wieder, die er mit seinem Tiefenbewußtsein machte.

5. Die Tierkreiszeichen, die Felder und die Aspekte modifizieren die Wirkung der 10 Urprinzipien.

6. Eine Opposition bringt immer eine Spannung zum Ausdruck. Sie ist ein treibendes Element der Entwicklung.

7. Quadrataspekte sind Herausforderungen an Sie, sich weiterzuentwickeln.

8. Sextile und Trigone zeigen Talente, die leider von vielen häufig nicht genutzt werden.

9. Ihr Geburtshoroskop hilft Ihnen, das in Ihnen Angelegte, aber noch nicht Verwirklichte zu erkennen.

10. Das Geburtshoroskop ist das beste Instrument zur Selbsterkenntnis. Es zeigt u. a., welche Kräfte Ihrer Psyche in Widerspruch liegen und welche sich harmonisch ergänzen.

11. Sie werden dann glücklich, wenn Sie das verwirklichen, auf das hin Sie angelegt sind.

12. Das Geburtshoroskop hilft Ihnen, sich selbst zu erkennen und unharmonische Energien zum Ausgleich zu bringen.

SYMBOLE UND PERSÖN-LICHKEITSENTFALTUNG

KAPITEL VI

1. Was ist Persönlichkeitsentfaltung?

Jedes Saatkorn birgt schon alle Möglichkeiten zukünftiger Entwicklung in sich. Das Saatkorn überläßt sich der Kraft der Erde, die alle seine Möglichkeiten zur Entfaltung weckt.

So wie im Saatkorn gibt es in der ganzen Schöpfung ein ordnendes Prinzip, das jeden Organismus zur weiteren Entwicklung drängt. Auch in Ihnen wirkt das Prinzip.

In Ihrer Entwicklung zu einer individuellen Persönlichkeit – auch Individuation genannt – erlebt Ihr Bewußtsein eine klare Ausrichtung. Ihr Bewußtsein ist zwar die Voraussetzung für den Geist, aber mit ihm noch nicht identisch. Das Bewußtsein wird erst dann zum Geist, wenn es seine schöpferischen Möglichkeiten entfaltet. Dynamische Verwandlung und Wachstum sind daher in Ihrem Leben das Charakteristische. Beides hat der Geist mit dem Symbol gemeinsam. Daher bedient sich einerseits Ihr Bewußtsein des Symbols, um den Reifungsprozeß zum Ausdruck zu bringen. Andererseits erweckt die dynamische Kraft des Symbols die verborgensten Kräfte in Ihnen. Solange die Kräfte noch in Ihnen verborgen sind, haben Sie keinen Zugang zu ihnen. Die Magie des Symbols bringt Sie in den Bereich des Sichtbaren. Das Symbol wirkt gleichsam auf Ihr Bewußtsein wie die Erde auf die Entfaltung des Saatkorns.

2. Die Anima-Figur

Die Anima ist die weibliche Seite des Mannes. Sie verkörpert beim Mann sein irrationales und ihm meist unbewußtes Gefühl. Diese Figur kann in Träumen und Imaginationen als Mädchen, Mutter, Fee oder als Hexe erlebt werden. Die Anima hat negative, aber auch positive Seiten. Die Anima ist, wie C.G. Jung betont, ebenso eine archetypische wie eine personale Erfahrung. Daher ist die Anima-Figur des Mannes keine Projektion des Männlichen auf die Frau, sondern einer echten Erfahrung vom Wesen des Weiblichen. In meinem Buch »Menschen erkennen, durchschauen, verstehen« habe ich darauf hingewiesen, daß die Anima-Figur darüber entscheidet, ob der Mann die zu ihm passende Frau findet.

Die Anima verbindet den Mann mit seinem tiefsten Selbst. Sie ist die Mittlerin zwischen dem Oberflächen-Ich und dem tiefsten Selbst. Die Anima-Figur kann dem Mann daher tiefste Botschaften seines Selbst übermitteln.

Der Gegensatz der männlichen und weiblichen Seite im Mann wie auch in der Frau ist eine der Grundpolaritäten des Lebens. Leider hat die Gesellschaft des Westens mehr die männliche Seite bevorzugt. Das Yang-Prinzip wurde überbetont und damit Aktivität, rationales Denken, Aggressivität, Konkurrenzkampf, während die Yin-Formen, die weibliche Seite des Bewußtseins, die als mystisch, okkult, intuitiv, religiös usw. beschrieben wird, unterdrückt wurden und werden. Die Gesellschaft hat eine Ordnung aufgebaut, wo jeder Mann nur männlich und jede Frau nur weiblich sein darf. Leider wurde nicht erkannt, daß die Persönlichkeit jedes Mannes und jeder Frau das Ergebnis des Zusammenspiels von männlichen und weiblichen Komponenten ist.

3. Die Animus-Figur

So wie die Anima in der männlichen Psyche eine große Bedeutung hat, ist die Animus-Figur für die Frau wichtig.

Dieses archetypische Bild ist als Symbol der nicht gelebten männlichen Seite der Frau zu bezeichnen. Als Symbol veranschaulicht es den Antrieb ihres geistigen Lebens.

Der Animus der Frau wird von ihrem Vater geprägt. Ist dieses Bild negativ gefärbt, dann hat es der Ehemann schwer, es seiner Frau recht zu machen. Im negativen Sinne bringt der Animus der Frau jene kalten Überlegungen zustande, die jede gefühlsmäßige Verpflichtung beiseite drängen. Die positive Seite der Animus-Figur verleiht der Frau Mut, Initiative und geistige Klarheit. Der Animus der Frau erscheint in vier Entwicklungsstufen. Zunächst als Symbol psychischer Kraft, ausgedrückt durch den sportlichen Helden. Auf der nächsten Stufe bringt der Animus Tatkraft zum Ausdruck. Auf der dritten Stufe symbolisiert der Animus Geist. Projektionen der Animus-Figur erfolgen auf den Arzt, den Pfarrer und den Professor. Auf der vierten Stufe wird der Animus Ausdruck schöpferischer und religiöser Erfahrungen. Er gibt dann der Frau jene Stärke, mit der sie ihrem Leben Sinn verschafft.

4. Symbole für das Selbst

Es gibt eine ganze Reihe von Symbolen, mit denen sich Ihr höheres Selbst oder Ihr Seelenkern offenbaren kann. In den Träumen der Frau zeigt sich das Selbst nicht selten in den Symbolen der Mutter Erde, der Zauberin und der Priesterin. In den Träumen des Mannes taucht das Selbst als Held und zum Beispiel als alter Weiser auf. Das Selbst kann in den Träumen und Visionen als kleines Kind, als junger oder als alter Mensch auftreten. Es erscheint auch oft als Symbol des »großen Menschen«, der den ganzen Kosmos umfängt. Taucht dieses Symbol im Traum des Menschen auf, dann ist der Seelenkern – und damit die Einheit des inneren Wesens – aktiviert, der schwierige Situationen zu bewältigen hilft.

Das Symbol des »großen Menschen«, auch als Urmensch oder kosmischer Mensch bezeichnet, taucht in allen Kulturen auf. Im Westen wird der kosmische

Mensch mit Christus identifiziert, im Osten mit Krishna oder Buddha. Das Symbol des »großen Menschen« bzw. »kosmischen Menschen« ist ein Symbol für die Ganzheit des Menschen.

In der Symbolik des Mittelalters ist der Stein ein oft gebrauchtes Symbol für den Kern des Menschen und seine Ganzheit. Er tritt auch heute in Träumen und Visionen auf. Es kann aber auch ein Kristall oder ein Edelstein sein.

Nicht wenige Menschen nehmen schöne Steine, die sie finden, mit nach Hause. Meistens wissen sie nicht, warum sie es tun. Der Stein hat auf sie eine geheime Anziehungskraft. Woran liegt das? Ihr Kern ähnelt auf gewisse Weise sehr dem Stein. Er symbolisiert eine Form des Daseins, die außerhalb der Bewußtseinsformen von Gedanken, Phantasien und Gefühlen existiert. Im Stein symbolisiert sich das Selbst in seiner Form der Ewigkeit und Unverwandelbarkeit. In vielen Religionen spielt der Stein bei Gottesverehrung eine wichtige Rolle. So ist zum Beispiel die Kaaba ein großer schwarzer Stein in Mekka, der im Islam sogar als Wallfahrtsort dient. Nach der Alchemie symbolisiert der Stein etwas Ewiges in Ihnen. Es ist die Erfahrung von »Gott im eigenen Seeleninneren«.

Ein häufiges Symbol für das Selbst ist das Mandala. (Ein Beispiel für ein solches Mandala ist auf dem Titelblatt abgebildet.)

Ein Mandala ist eine farbige Vision, die aus einer symmetrischen Figur besteht. Es gibt viele Mandala-Formen. Mandala-Erlebnisse können Sie im Traum oder während einer Meditation haben. Eine sehr bewährte Technik der Meditation habe ich in meinem Buch »Die universellen Kräfte Ihrer Psyche« beschrieben.

Aus meinen Meditationsseminaren weiß ich, wie sich das Erleben eines solchen Symbols auf den Meditierenden auswirkt. Das Erlebnis vermittelt das Gefühl, daß alles in Ordnung kommt. Eine große Harmonie wird erlebt. Solche Mandala-Bilder aktivieren Ihre helfende und heilende Kraft. Die helfende Kraft des Selbst können Sie zum Beispiel auch in der Liebe, in der Hingabe, im Erlebnis des Schönen und im Aufblitzen der Erleuchtung erleben, um nur einige Beispiele zu nennen.

5. Sie gewinnen eine neue Sicht der Wirklichkeit

C.G. Jung war zu Recht der Ansicht, daß es keine unlösbaren Probleme gibt. Einige Menschen »überwachsen« ein Problem, woran andere scheitern. Ich teile die Ansicht C.G. Jungs, der das »Überwachsen« als eine Niveauerhöhung des Bewußtseins bezeichnet. In Gesprächen mit entwicklungsmäßig fortgeschrittenen Menschen habe ich oft erlebt, wie durch eine Erweiterung des Horizontes ein Problem an Dringlichkeit verliert. Da das Problem aus einer anderen Perspektive betrachtet wird, erscheint es auch anders. Was in einem niedrigen Bewußtseinsniveau einen größeren Konflikt auslöst, wirkt, vom höheren Bewußtseinsniveau der Persönlichkeit aus erlebt, nicht mehr so erschütternd. Die höhere Bewußtheit verhindert auch, daß Sie mit einem Affekt identisch werden. C.G. Jung äußert: »Trägheit, deren man sich nicht bewußt ist, und Trägheit, deren man sich bewußt wird, sind tausend Meilen voneinander entfernt; das gilt auch im vollsten Maße vom Affekt.«

Da die größten Probleme des Lebens voller Polarität, also voller Gegensätze sind, können sie nicht gelöst, sondern nur überwachsen werden.

Ihre persönliche Entwicklung erfordert es, Ihr Bewußtseinsniveau zu erweitern. Dazu helfen Ihnen die Symbole, denn sie vermitteln neue Bewußtseinsqualitäten. Die Anlage dazu haben Sie, Sie müssen nur an das Neue herantreten und daran wachsen. Der Weg dazu ist der, das geschehen zu lassen, was sich in Ihnen ausdrücken will. Einige erreichen das Ziel durch Visualisieren, andere durch Malen oder durch beides. Dann kann das Bewußtsein frei fließen.

Die Vereinigung der Gegensätze auf höherem Bewußtseinsniveau ist keine Sache des Wollens und der Vernunft. Es ist der psychische Entwicklungsprozeß, der sich in Symbolen ausdrückt. Wenn Sie Ihre Phantasien zum Ausdruck bringen und zeichnen, Ihren intuitiven Ahnungen Form geben, so entstehen Symbole – nicht selten die schon erwähnten Mandalas. Oft handelt es sich um ein Kreuz, um eine Rad- oder Blumenform, in der die Zahl 4 dominiert. Die Goldblume ist ein Mandala-Symbol, das sich oft einstellt. In diesem Symbol drückt sich das Selbst aus. Eine vierzigjährige Frau sagte mir einmal: »Manchmal sehe ich ein Licht in mir mit vielen Facetten. Es gibt mir die Kraft, im Leben vorwärtszugehen. Bin ich traurig, dann empfinde ich bei seiner Betrachtung Trost.«

Wenn Sie zu seelischer Ganzheit streben, so können Sie das nicht nur mit dem Verstand und dem bewußten Willen erreichen. Denn Ihr Unbewußtes versteht solche Sprachen nicht. Sie brauchen ein Symbol, dessen Sprache Ihr Unbewußtes versteht. Nur so können Sie Kontakt mit dem Unbewußten aufnehmen. Das Symbol ist aber nicht nur die Sprache des Unbewußten. Es ist das höchste Sinnbild des Bewußtseins überhaupt.

Wenn Sie Ihren Kern erleben, dann lösen Sie sich von allen Abhängigkeiten. Sie erfahren eine höhere Bewußtseinsstufe, die die polare Zweiheit durchdringt. Ihr Bewußtsein wird für kurze Zeit eins mit dem zeitlosen Einen, das in der chinesischen Kultur als Tao bezeichnet wird.

Zusammenfassung

1. In Ihnen ist eine Kraft, die Sie zur Weiterentwicklung drängt. C.G. Jung hat diesen Prozeß als Individuation bezeichnet.

2. Ihr Bewußtsein wird erst dann Geist, wenn es seine schöpferischen Möglichkeiten entfaltet. Dazu bedient sich das Bewußtsein des Symbols.

3. Der Prozeß der Weiterentwicklung wird von Symbolen begleitet.

4. Die Anima-Figur ist das Symbol der weiblichen Seite des Mannes.

5. Die Animus-Figur ist das Symbol der männlichen Seite der Frau.

6. In den Träumen der Frau zeigt sich das Selbst oft als Symbol der Mutter Erde, der Zauberin oder Priesterin oder der weisen Frau. Im Traum des Mannes kann das Selbst als Held oder als Weiser auftreten.

7. Ein Symbol für das Selbst kann Christus, Buddha, der kosmische Mensch, ein Stein, ein Kristall oder ein Edelstein sein.

8. Ein Mandala ist eine farbige, geometrische Figur und häufig ein Symbol für das Selbst.

9. Mandala-Visionen in Träumen oder in der Meditation aktivieren Ihre helfende und heilende Kraft.

10. Symbole helfen Ihnen, Probleme des Lebens zu »überwachsen« und die Polaritäten des Lebens zu überwinden.

ÖFFNEN SIE SICH FÜR DIE WIRKUNG DER SYMBOLE

KAPITEL VII

1. Das Erlebnis der Symbole in der Wirklichkeit

Ein Mann erzählt:

»Ich mache am frühen Morgen einen Spaziergang am Strand. Es herrscht noch Dämmerung. Der Himmel ist klar, die Luft frisch und rein. Ich sehe, wie die Sonne einem Feuerball gleich aus dem ruhigen Meer emporsteigt. Das Licht liegt wie ein breites Band über dem Wasser und reicht bis zu mir. Ich gehe auf das Lichtband zu und ins Wasser. Als mir das Lichtband bis an die Hüfte reicht, beginne ich zu schwimmen. Im Lichtband schwimme ich auf die Sonne zu. Ich schwimme in einem Meer von Licht. Ich schwimme weiter auf die Sonne zu. Ich werde mit der Sonne eins. Das Licht, das in mir ist, erfaßt mich ganz. Ich habe das Gefühl, mein Körper weitet sich aus. Ich habe das Erlebnis, ganz aus Licht zu sein.«

Eine Frau berichtet, welches tiefe Erlebnis während eines Waldspaziergangs eine Quelle bei ihr auslöst: »Das Fließen des klaren Wassers fasziniert mich. Während der Betrachtung steht die Zeit für mich still. Eine tiefe Ergriffenheit erfaßt mich. Ich spüre, daß eine innere Kraft in mir zum Leben erweckt wird.«

Ein Mann berichtet:

»Bei meinen Spaziergängen komme ich oft an einem

großen alten Baum vorbei. Von dem Baum geht auf mich Stärke und Kraft aus, wenn ich ihn betrachte.«

Und Phil Bosmann schreibt:
»Wer mit einem Baum sprechen kann, braucht nicht den Psychiater. Nur meinen die meisten Menschen das Gegenteil.«

2. Franz von Assisi und die Natursymbole

Als Franziskus nach einem Gebet ein tiefes Gotteserlebnis hatte, freute er sich sehr, Anteil am Reich Gottes erlebt zu haben. Er drückte diese transzendente Erfahrung in seinem Gedicht »Der Sonnengesang« aus. Darin schreibt er in der 2. Strophe:

Sei gelobt, mein Herr
mit all deinen Kreaturen,
sonderlich mit der hohen Frau,
unserer Schwester Sonne,
die den Tag macht
und mit ihrem Licht uns leuchtet.
Schön in der Höhe und strahlend im
mächtigen Glanz,
ist sie dein Sinnbild, du Herrliche.

Das Symbol Sonne ist also für Franz von Assisi ein Symbol transzendenter Erfahrung. Mit dem Symbol drückt er die tiefste Wirklichkeit aus, die er erlebt hat.

Jedes Symbol verkörpert etwas von der Unermeßlichkeit des Universums. Selbst wenn Sie die flüchtige, vergängliche Schönheit einer Blume bewundern, dann schätzen Sie Ihre Einzigartigkeit in der Vergänglichkeit. Als Buddha von einem Jünger gefragt wurde, was denn die Quintessenz seiner Lehre sei, hielt er eine Blume empor. Obwohl er kein Wort sprach, brachte diese Geste viel zum Ausdruck: das Ewige im Vergänglichen zu erkennen und hinter den Erscheinungsformen noch etwas anderes zu spüren, das mit den normalen Sinnen nicht greifbar ist, nämlich die tiefste Realität des Lebens.

3. Sie haben die Gabe der Imagination

Der große Unterschied zwischen Mensch und Tier besteht darin, daß der Mensch die Gabe hat, bildliche Vorstellungen in seinem Bewußtsein aufzubauen. Diese Fähigkeit wird auch als Imagination bezeichnet. Diese dem Menschen angeborene Fähigkeit zur bildlichen Vorstellung ist in uns allen vorhanden; bei den einen ist sie ausgeprägter als bei den anderen. Die Fähigkeit zur bildhaften Vorstellung wird durch Übungen trainiert, die als Visualisieren bezeichnet werden. Dabei lernen Sie, bestimmte Formen und Farben vor Ihrem inneren Auge zu sehen. Wenn Sie Ihr Visualisierungsvermögen durch Bildvorlagen geschult haben, dann vermögen Sie ohne Bildvorlagen, nur mit Ihrer Phantasie, Bilder in Ihrem Bewußtsein zu schaffen. Sie vermögen zu imaginieren. Die Imagination wenden Sie auch immer dann an, wenn Sie sich ganze Handlungsabläufe bildhaft vorstellen.

Wissen und Imagination sind zwei Aktivitäten Ihres Bewußtseins. Wissen baut auf Erfahrung auf. Imagination befähigt Sie, eine neue Ausrichtung Ihres Bewußtseins vorzunehmen. Wille und Vorstellungskraft stehen in wechselseitiger Beziehung. Der Wille ist notwendig, um Vorstellungsbilder zu schaffen. Die inneren Vorstellungsbilder haben aber wiederum die Tendenz, Handlungen hervorzurufen. Die Vorstellungskraft regt den Willen an, die Inhalte der Vorstellung zu verwirklichen. Der Wille vermag aufgrund der Schöpferkraft des Bewußtseins Vorstellungen zu schaffen.

Die Kräfte des Tiefenbewußtseins sind in Ihnen verborgen. Es gilt, sie ins Bewußtsein zu heben. Dazu eignet sich die Visualisierung von Symbolen. Wenn ein Symbol wirkt, dann wird es Wirklichkeit. Visualisierung verwandelt Sie. Wie schon früher erwähnt, teilt der Geist mit dem Symbol das Phänomen des Dynamischen. Deshalb ist das Symbol ein Instrument, das das Bewußtsein nutzt, um selbst zu einem lebendigen Geist zu werden, der zur Vollendung strebt. So wird die Ausrichtung des Geistes bestimmt. Ebenso wie ein Bogenschütze sein Ziel betrachtet, um so mit ihm eins zu werden, damit er es trifft, so muß der Visualisierende mit seinem Ziel eins werden. Dann bekommt sein Streben die richtige Richtung. Er schreitet auf sein Ziel hin voran, ohne sich zu zersplittern. Mit der Visualisierung schaffen Sie einen Kanal zum Tiefenbewußtsein, um dessen große Kräfte zu nutzen.

Visualisierung ist nicht eine Angelegenheit des Verstandes. Visualisierung nimmt die Ganzheit Ihres Lebens mit in das Erleben hinein. Wenn Sie das Symbol vor Ihrem inneren Auge entstehen lassen, dann werden Sie empfänglich für seine Qualitäten.

Die Visualisierung eines Symbols baut die ihm innewohnende Qualität in Ihrem Bewußtsein auf. So verändern Sie Ihre innere Haltung und Ihre Verhaltensweise. Sie machen neue Erfahrungen Ihrer selbst und Ihres Lebens. Ihre Persönlichkeit entfaltet sich, und Ihre Handlungen werden davon beeinflußt.

Nutzen Sie die Möglichkeiten der Veränderung. Bedienen Sie sich der Kraft des Symbols. Die Tür zu einem neuen Bewußtsein öffnet sich. Sie erhöhen die Schwingungsebene Ihrer Energien. Eine neue Bewußtseinslage wird erreicht. In Kapitel 8 werden verschiedene Imaginationen beschrieben, von denen Ihnen jede das Tor zu einem neuen Bewußtsein öffnet. Wählen Sie aus, mit welchem Symbol Sie arbeiten. Eine neue Realität wird sich Ihnen erschließen.

4. Die Visualisierung

Sie müssen Ihre Fähigkeit zur Visualisierung trainieren. Wählen Sie sich dazu ein Symbol. Nehmen wir an, Sie wählen als Symbol eine Flamme. Zünden Sie eine Kerze an, und stellen Sie diese auf den Tisch. Betrachten Sie die Flamme, schließen Sie die Augen und versuchen Sie, ein Bild der Kerze vor Ihren geschlossenen Augen, also vor Ihrem geistigen Auge, zu sehen. Gelingt es Ihnen nicht, dann öffnen Sie die Augen und betrachten nochmals die Flamme. Schließen Sie nun wieder die Augen, und versuchen Sie es nochmals. Vielleicht sehen Sie nun das noch unklare Bild für den Bruchteil einer Sekunde. Verschwindet das geistige Bild, dann verstärken Sie das Gefühl, Sie sähen die Flamme. Entsteht nun bei geschlossenen Augen kein geistiges Bild der Flamme, dann öffnen Sie die Augen und betrachten die Flamme wieder für einige Sekunden. Schließen Sie dann wieder die Augen und versuchen Sie, die Flamme wieder zu visualisieren usw.

Anfangs sollten Sie die Übung nicht länger als drei Minuten ausführen, da Sie sonst überfordert sein könnten. Verlängern Sie im Laufe von etwa 14 Tagen die Visualisierung auf 10 Minuten am Tage. Natürlich können Sie die Übung auch länger ausführen. Nach etwa 20–50 Stunden, also nach etwa 80–300 Übungen, vermögen Sie das Bild der Flamme einige Sekunden vor Ihrem geistigen Auge aufrechtzuerhalten.

Als Symbol können Ihnen auch die aufgehende Sonne, eine Quelle, eine Welle, ein Schmetterling, ein Diamant, ein fliegender Pfeil oder ein anderes Symbol dienen. In diesem Fall eignet sich als Vorlage ein Foto, mit dem Sie Ihre Visualisierungsübungen als Betrachtungsobjekt durchführen.

Wenn Sie das reproduzierende Visualisieren üben, dann entdecken sie bald, daß diese Übung auch Auswirkungen auf Ihr tägliches Leben hat. Die Visualisierung wirkt nicht nur entspannend, sondern sie verstärkt vor allem Ihr Konzentrationsvermögen und Ihre Kreativität. Das wirkt sich auch sehr fördernd auf Ihren Erfolg im Berufsleben aus.

Daß viele Menschen ihre Fähigkeiten nicht verwirklichen können, liegt sehr oft daran, daß sie ihr Konzentrationsvermögen nicht üben. Mit einem großen Konzentrationsvermögen könnten sie jedoch aus dem großen Schatz ihres Unterbewußtseins schöpfen, da darin die Vergangenheit der ganzen Menschheit gespeichert ist.

Die Kraft der Konzentration ist nicht nur der Schlüssel zu den vielen verborgenen Inhalten Ihres Tiefenbewußtseins, die Sie zu Rate ziehen können. Visualisierung von Symbolen führt Sie zum tiefen Erleben der Wirklichkeit. Sie verinnerlichen das Symbol und werden mit seiner Qualität ganz eins. Sie integrieren das Unbewußte immer mehr in das Bewußte. So meistern Sie die Ihnen innewohnenden irrationalen Kräfte. Wenn Sie so lenkend in

Ihr Unbewußtes eingreifen, dann entdecken Sie auch viele Möglichkeiten der Wandlung, die in Ihnen ruhen. Und so vollzieht sich der Prozeß Ihrer Ganzwerdung in vielen Schritten.

5. Visualisieren Sie das Bild in Ihrem Innern

Wenn Sie die im vorangegangenen Abschnitt beschriebene Methode des Visualisierens in etwa beherrschen, dann wenden Sie sich der zweiten Stufe zu. Versuchen Sie nun das Bild im Herzen zu sehen. Dies ist am Anfang nicht einfach und braucht einige Zeit. Oft wird es auch notwendig, sich das Bild im Herzzentrum verkleinert vorzustellen. Um diese Übung etwas zu beherrschen, müssen Sie sie mehrere Male durchführen.

Zweck der Übung ist es, ganz mit dem Symbol eins zu werden. Verstärken Sie das Gefühl, Sie sähen das Symbol in der Herzgegend. Dann gelingt es Ihnen leichter, das Symbol in Ihrem Innern zu visualisieren.

Da Visualisieren und Imaginieren große Energieprozesse in Ihnen auslösen, empfiehlt es sich sehr, die Imagination – wie im nächsten Abschnitt beschrieben – mit Bejahung (Affirmation) zu kombinieren, die auf Ihre ganz individuelle Situation aufbaut. Diese sehr effektive Methode habe ich in meinem Buch »Lebe besser, lebe gern« sehr ausführlich und mit Beispielen beschrieben.

Im nächsten Abschnitt wenden wir uns der Imagination zu. Selbst wenn Sie meinen, Sie würden das Visualisieren beherrschen, betreiben Sie ergänzend zu Ihren Imaginationsübungen einige Male in der Woche das Visualisieren. Visualisieren ist ein unverzichtbares Training Ihres Geistes und Ihres Bewußtseins. Es schärft Ihre Konzentration und Ihre Beobachtungsgabe. Ihre Imaginationen erhalten die Lebendigkeit, dafür wird die Gefahr der Routine und der Abstumpfung vermieden. Nur wenn Sie auf das Visualisieren nicht verzichten, verfeinert sich die Bewußtseinsqualität des Symbols. Ihr schöpferisches Vermögen, Bildabläufe zu imaginieren, wird gesteigert.

Mit anderen Worten: Das Erlebnis, die Erfahrung eines Symbols, erhält nur dann seine große Frische und auslösende Kraft, wenn es immer wieder aus der Fülle der Wirklichkeit erneuert wird. Dies erfolgt durch den Prozeß des Beobachtens, also durch die mit den Augen sich vollziehende und wiederholende Aufnahme, und das anschließende Vorstellen des Symbols mit geschlossenen Augen, das als Visualisieren bezeichnet wird. Selbst wenn Sie sich wirksamer Hilfen von Kassetten zur Imagination bedienen, führen Sie in der Woche mehrmals auch ergänzende Übungen im reproduzierenden Visualisieren durch. Das Symbol wird intensiver erfahren, und damit wächst die Bewußtseinsqualität, die Sie vom Symbol erfahren.

6. Die Imagination

Ihr Bewußtsein ist ständig im Fluß. Sie haben die Möglichkeit, die Richtung Ihres Bewußtseins zu lenken. Davon machten Sie bereits bei der Visualisierung Anwendung. Durch das bildhafte Erleben gelangen Sie über das begriffliche Denken hinaus und machen direkte Erfahrungen. Visualisierung verstärkt Ihre Fähigkeit, sich auch Dinge ohne eine Vorlage vorzustellen.

Wie Sie wissen, haben wir den Prozeß als Imagination bezeichnet. Mit großer Wahrscheinlichkeit sind bereits bei Ihrer Visualisierung Elemente der Imagination eingeflossen. Denn wahrscheinlich werden Sie zum Beispiel bei der Visualisierung der Flamme diese bei geschlossenen Augen nicht ständig so gesehen haben, wie Sie diese anfangs beobachtet haben.

Was Sie bei der schöpferischen Visualisierung sehen, sind Projektionen Ihres eigenen Geistes. Es ist Ihre eigene Schöpfung. Es ist das Produkt Ihres Bewußtseins. Diese Welten liegen bereits in Ihnen. Durch Training können Sie sie ins Bewußtsein heben.

Durch schöpferische Vorstellung sind große Kunstwerke und bedeutende Entdeckungen gemacht worden. Auch in Ihnen liegen große schöpferische Kräfte. Imaginieren hilft Ihnen, noch intensiver mit der Kraft eines Symbols eins zu werden, Ihre Kräfte nicht zu unterdrükken, sondern zu lenken.

Zusammenfassung

1. Das Erlebnis von Symbolen erschließt Ihnen neue Wirklichkeiten.

2. Sie verfügen über die große Fähigkeit, zu visualisieren und zu imaginieren, also zur bildhaften Vorstellung.

3. Visualisieren ist reproduzierendes bildhaftes Vorstellen eines Gegenstandes oder einer Bildvorlage. Imagination ist schöpferisches bildhaftes Vorstellen.

4. Wenn Sie das Symbol vor Ihrem inneren Auge entstehen lassen, so werden Sie empfänglich für seine geistige Qualität.

5. Symbole öffnen Ihnen die Tür zu neuen Bewußtseinslagen. Sie entwickeln neue Eigenschaften.

6. Die Kraft des Symbols wandelt Sie.

7. Visualisierung verstärkt Ihre Fähigkeit zur Imagination.

8. Visualisierung verstärkt Beobachtungsgabe sowie Konzentration und erweitert Ihre Erlebnisfähigkeit.

9. Imagination entwickelt Ihre kreativen Fähigkeiten.

SYMBOL-IMAGINATION

KAPITEL VIII

1. Die aufgehende Sonne

Die Sonne wird von vielen Menschen als ergreifendes Symbol empfunden. Sie ist Symbol für reines, klares Bewußtsein.

Die meisten Menschen entscheiden sich für das Symbol Sonne, um ihre Gefühle anzuheben und zum Sonnenhaften zu verwandeln.

Übung: Sonnenaufgang am Meer

Stellen Sie sich vor, Sie stünden frühmorgens am Strand. Der Himmel ist noch dunkel. Das Meer rauscht.

Der Himmel färbt sich rot, dann gelb. Nun schiebt sich die Sonne wie eine Scheibe aus dem Wasser. Die Strahlen der Sonne bilden eine Brücke des Lichtes zu Ihnen. Es wird immer heller um Sie. Sie spüren ein angenehmes Gefühl auf Ihrer Haut. Sie fühlen sich wohl.

Nun stellen Sie sich vor, wie in Ihrem Herzen die Sonne aufgeht.

Sie sehen die gelbe Scheibe immer klarer. Sie spüren in Ihrem Innern die wohlige Wärme, die von ihr ausgeht. Ihr ganzer Körper wird davon erfüllt.

Die innere Sonne ist der göttliche Kern in Ihnen. Sie führt Sie zu den Höhen des Bewußtseins. Das Licht ist in Ihnen, und das Licht ist um Sie. Die Sonne am Horizont strahlt auf Sie, Ihre innere Sonne strahlt in die Weite, in die Unbegrenztheit.

Sie sind nun zum Zentrum des Lichtes geworden. Das Licht ist in Ihnen.

Sie und das Licht.

2. Die Quelle

Das Wasser ist Lebensspender und Lebenserhalter. Das Wasser ist Symbol des Unbewußten, der Reinigung und der geistigen Erneuerung. Die Visualisierung der Quelle bringt blockierte Energien wieder zum Fließen. Die alten Tibeter sahen als Ursache einer Krankheit gestörte Energiefelder im Körper an. Daher fördert die Visualisierung der Quelle die Gesundheit, da sie durch die Vorstellung des Fließens die Energien harmonisiert und somit Krankheiten vorbeugt.

Übung: Die Quelle

Stellen Sie sich vor, Sie seien auf einer Insel in den Tropen.

Die Sonne scheint. Vor Ihnen sehen Sie Felsgestein. Aus der Öffnung zwischen zwei Felsen strömt eine klare Quelle. Sie sehen, wie sich das gelbe Sonnenlicht in dem herabfallenden Wasser spiegelt. Sie erkennen, wie das Wasser in den Farben des Regenbogens funkelt: rot, gelb, grün, blau, violett. Sie hören das Plätschern der Quelle in der Stille.

Das Wasser der Quelle ergießt sich vor dem Felsen in einen klaren Teich. Sie gehen zu dem Teich und trinken von seinem klaren Wasser. Sie spüren das Wasser in Ihrem Mund. Sie fühlen, wie das Wasser durch Ihren Körper fließt.

Jetzt gehen Sie in den Teich. Sie erleben die angenehme Frische des Wassers. Sie sehen die Quelle über sich und spüren die Bewegung des Wassers um sich herum.

Das kristallklare Wasser wäscht alles fort, was Sie belastet: unangenehme Erinnerungen, bedrückende Gefühle und Enttäuschungen.

Dann stellen Sie sich die Quelle in Ihnen selbst vor. Ihre innere Quelle sprudelt. Sie stellen sich das Fließen vor. Die innere Quelle reinigt Ihr Bewußtsein.

Nun werden Sie selbst zur Quelle. Sie erleben sich ganz als Quelle. Energien fließen in Ihnen. Energien strömen aus dem Zentrum Ihrer Quelle. Sie erneuern sich. Alles fließt in Ihnen. Sie fühlen, wie die Energien fließen.

Sie werden zum Zentrum des Lebens. Sie werden eins mit dem universellen Tiefenbewußtsein. Während das Wasser und seine Energie in Ihnen verströmen, fließen neue Wasser und neue Energien aus Ihrem inneren Zentrum. Sie sind die Quelle. Sie sind die Quelle des Lebens.

3. Die Flamme

Die Flamme ist ein Symbol für Wärme, Hingabe, Freude und Begeisterung.

Übung: Die Flamme
Stellen Sie sich eine Flamme vor. Sie sehen die feurige Flamme vor sich. Dann stellen Sie sich die Flamme in Ihnen selbst vor. Sie empfinden ihre Wärme und strahlende Kraft, Sie spüren, wie sich in Ihnen innere Wärme und Freude ausbreiten. Sie fühlen sich ganz von der Flamme durchdrungen. Sie strahlen Begeisterung nach außen. Ihre innere Lebendigkeit wächst.

4. Der Steuermann

Das Schiff ist ein Symbol für Reise und Überfahrt. Der Leuchtturm ist ein Symbol für das Lebensziel, das der Mensch ansteuert. Der Leuchtturm sendet das hilfreiche Licht, das dem Schiff auf der Fahrt durch die Stürme des Lebens die Richtung weist. So ist der Leuchtturm auch ein Orientierungssymbol, um die Richtung des Lebensweges beizubehalten. Das Steuerrad ist ein Symbol für Verantwortung und für die Lenkung des Lebens aus eigener Kraft. Alle Symbole zusammen verstärken das Zielbewußtsein und den Einsatz für das Ziel.

Übung: Der Steuermann
Stellen Sie sich vor, Sie stehen am Steuer eines Segelschiffes.

Es ist Dämmerung, und Sie sehen in der Ferne einen Leuchtturm. Der Leuchtturm sendet einen Lichtstrahl zu Ihnen. Der Lichtstrahl weist Ihnen die Richtung, in die Sie steuern. Sie halten das Steuer fest in Ihrer Hand. Wellen versuchen, Ihr Schiff von seinem Kurs abzubringen. Ihr Schiff schlingert hin und her. Sie halten das Steuer fest in Ihrer Hand. Sie strengen sich an, das Steuerrad festzuhalten. Der Wind bläst Ihnen ins Gesicht. Sie spüren die Nässe der Wasserspritzer auf Ihrem Gesicht. Sie konzentrieren sich auf das Licht des Leuchtturms. Das Schiff bringt Sie dem Leuchtturm entgegen. Sie riechen den Duft des weiten Meeres.

Freude erfüllt Sie, Sie haben Macht über Ihr Schiff. Sie lenken Ihr Lebensschiff. Sie steuern es seinem Ziel entgegen. Sie sind der Steuermann Ihres Lebens.

Nach einiger Zeit lösen Sie sich vom Bild. Sie spüren Ihre Kraft und Stärke. Sie sind der Lenker Ihres Lebens.

5. Der innere Rückzug

Sie können innere Stille erreichen, wenn Sie nach der Methode meditieren, wie ich sie in meinem Buch »Die universellen Kräfte Ihrer Psyche« beschrieben habe.

Sie vermögen innere Stille aber auch zu erreichen, wenn Sie einen inneren Rückzugsort visualisieren, an dem Sie sich besonders wohl fühlen. Schließen Sie dazu die Augen, und stellen Sie sich eine herrliche Gegend vor. Es kann ein Berggipfel, ein Wald, ein einsamer Strand am Meer oder eine einsame Insel sein. Entscheidend ist, daß die Gegend Sie fasziniert. Eine Seminarteilnehmerin erzählte mir, daß sie sich dafür das Gelände auf einem Berg in Sri Lanka vorstelle, dessen Einsamkeit es ihr besonders angetan hatte.

Stellen Sie sich dann einen Tempel oder ein Haus vor, von dem viel Stille und Kraft ausgeht. Ihrer Phantasie sind dabei keine Grenzen gesetzt. Es ist nur wichtig, daß Ihnen der Aufenthalt in dem Gebäude inneren Frieden und Geborgenheit vermittelt.

Die folgende Übung ist ein Beispiel für die Imagination des inneren Rückzugsortes.

Übung: Der innere Rückzug

Stellen Sie sich vor, Sie seien auf einem Hochplateau. Unter Ihnen ziehen die Wolken, und Sie haben einen freien Blick in die Weite. Nur wenig von Ihnen entfernt erkennen Sie einen herrlichen Tempel. Sie gehen einen bequemen Weg entlang, der Sie bis an die Tür des Tempels führt. Stille umgibt Sie. Die Holztür ist mehrere hundert Jahre alt. Sie spüren, wie Sie die Türklinke herunterdrücken. Sie schließen die Tür. Dann treten Sie in das

Innere des Tempels. Sie empfinden Stille und inneren Frieden. Sie gehen nach vorn. Nun stehen Sie im Heiligtum des Tempels. Er ist aus einem riesigen Kristall gearbeitet. Ein großer Bogen wölbt sich hoch über Ihrem Kopf. Von allen Seiten sendet der Kristall weißes Licht auf Sie. Sie werden ganz von dem Licht umhüllt. Dann lauschen Sie in die Stille. Sie sind nun ganz bei sich. Sie empfinden die Stille, die in Ihnen ist. Sie werden mit Ihrem höheren Selbst eins. Nach einiger Zeit treten Sie aus dem Lichtfeld heraus und gehen durch den Tempel bis zur Tür. Sie öffnen sie und stehen nun wieder in der freien Natur.

Im Erleben der Stille erfahren Sie die Energien Ihres höheren Selbst.

6. Farben

Sie wissen aus dem Kapitel über Farben, daß diese eine wichtige Energieform darstellen. Blaue und grüne Farben sind kühler und beruhigen, während die feurigen Farben wie Orange und Rot stimulierend wirken. Die Energien im Solarplexus sind die Energien des emotionalen Selbst. Die Energien des Herzchakras dagegen sind die Energien Ihres höheren Selbst. Wenn Sie die Imagination von Farben für sich nutzen, dann geht es darum, die Emotion nicht zu unterdrücken, sondern sie mit den höheren

Schwingungen des Lichtes auf eine höhere Stufe zu bringen. Als Symbole sind die Farben Möglichkeiten, Sie mit Ihrem inneren Zentrum in Verbindung zu bringen.

7. Mit welchem Symbol beginnen Sie?

Nach meiner Erfahrung wählen die meisten Menschen die Sonne. Wie beschrieben ist die Sonne ein ausgezeichnetes Symbol, die Gefühlsebene zum Positiven anzuheben. Je nach Geschmack können Sie einen Sonnenaufgang am Meer oder einen auf dem Berg visualisieren. Der Berg ist ein Symbol für die Höhe des Bewußtseins. Die Imagination Sonne ist ein ausgezeichnetes Symbol dafür, Ihre Stimmungen zu stabilisieren und ein »sonniges« Gemüt zu schaffen. Sie ergreifen die Initiative, auf die Mitmenschen zuzugehen.

Die Imagination Steuermann ist besonders für jene Menschen vorteilhaft, denen es an Zielbewußtsein fehlt und die ihre Tatkraft besser auf die Ziele lenken wollen.

An dritter Stelle in der Beliebtheit der Symbole steht die Quelle.

Denken Sie daran: Jedes Symbol hat eine besondere Qualität. Wenn Sie sich ein Symbol auswählen, dann ist es notwendig, mit diesem Symbol Visualisierungsübungen und auch Imaginationen – siehe Imaginationstexte – mehrere Monate 2- bis 3mal am Tag durchzuführen.

8. Die Wandlung von Symbolen

Denken Sie über sich selbst nach. Wählen Sie eine Eigenschaft von Ihnen aus, und stellen Sie sich diese als Bild vor. Das kann das Bild eines Menschen, eines Tieres, einer Pflanze oder eines Gegenstandes sein. Es spielt keine Rolle, welches Bild Sie wählen. Entscheidend ist, daß das Bild für Sie die erwähnte Eigenschaft symbolisiert. Das beste ist, Sie lassen dazu ein Bild aus Ihrem Unterbewußtsein emporsteigen. Versuchen Sie also nicht, das entsprechende Bild willentlich zu formen. Ist vor Ihrem Auge ein Bild entstanden, dann betrachten Sie es. Will es sich verändern, dann lassen Sie es zu. Spricht das Bild zu Ihnen – im Reiche der Phantasie ist alles möglich –, dann hören Sie zu. Sie können dem Bild auch selbst Fragen stellen.

Wenn Sie mit dem Bild einige Zeit in Kontakt gestanden haben, dann stellen Sie sich vor, daß strahlendes Licht auf das Bild fällt. Was können Sie beobachten?

Hier ein Beispiel: Eine Frau wählte als Symbol für ihre Empfindlichkeit die Mimose. Dieses Bild visualisierte sie mehrfach. Dann stellte sie sich vor, strahlendes Licht falle auf die Mimose. Die Mimose verwandelte sich in eine herrliche Orchidee.

Zurück zu Ihnen: Was sind die Vorteile einer solchen Übung für Sie?

Wenn Sie das Bild einer negativen Eigenschaft visualisieren, dann bauen Sie Distanz dazu auf. Häufig sind damit auch geistige Einsichten und ein Gefühl von Freiheit verbunden.

Als die erwähnte Frau die Verwandlung der Mimose in die Orchidee erlebte, sagte sie: »Ich erkenne, daß sich hinter meiner Empfindsamkeit eine große Sensitivität verbirgt.«

Wenn Sie Ihre gewählte Eigenschaft eine Weile betrachten, kommt dahinter oft ein anderer Kern zum Vorschein.

Ein Mann stellte sich seine Arroganz so vor, daß er sich selbst als Hohepriester visualisierte. Nach einiger Zeit verwandelte sich das Bild in einen Hasen. Er realisierte, daß sich hinter seiner Arroganz Angst verbarg, denn er erkannte sich als Angsthase. Was es auch immer ist, wenn die als negativ empfundenen Dinge an die Oberfläche des Bewußtseins gelangen, verlieren sie an schädlichem Einfluß. Sie offenbaren sogar eine ganz neue Qualität, die hinter dem ersten Bild noch verborgen war. Das Bewußtwerden allein reicht aber noch nicht aus.

Je mehr Sie sich von dem schädlichen Einfluß Sie einengender Verhaltensweisen distanzieren, desto mehr stärken Sie Ihre innere Mitte. Bereits in meinem Buch »Lebe besser, lebe gern« wies ich darauf hin, daß sowohl das Negative als auch das Positive Energieformen darstellen und daß das Negative nur eine Verzerrung des Positiven ist.

Die Visualisierung von Eigenschaften hilft Ihnen, sich deren Zwang zu entziehen. Sie erkennen: Im Negativen liegt ein großes Potential verborgen, in dem bereits die Energien für die Verwandlung enthalten sind. Sie müssen Sie nur noch in eine andere Richtung lenken.

9. Märchen bringen fixierte Bilder zum Fließen

Märchen fangen immer mit einer problematischen Situation an. Wenn das Problem in einem Märchen auch Ihr Problem ist, dann haben Sie dieselben Schwierigkeiten zu bewältigen wie die Märchenfiguren.

Märchen helfen Ihnen, sich auf der Ebene der Imagination anzusprechen und fixierte Bilder im Unbewußten in Bewegung zu bringen. Märchen, die Sie ansprechen, werden zu einem Symbol für Ihren psychischen Zustand.

Wie im vorangegangenen Abschnitt erwähnt, können Ihnen Bilder zur notwendigen Distanz verhelfen. Doch der Zauber des Märchens ist damit längst noch nicht erschöpft. Ihre eigenen inneren Bilder werden durch die Symbole des Märchens angeregt, und so werden Sie in den von Märchen ausgelösten Entwicklungsprozeß mit einbezogen.

Verena Kast empfiehlt, nach dem Lesen eines Märchens sich die Bilder vorzustellen, die Sie am meisten beeindruckt oder geärgert haben. Sie empfiehlt weiter, sich einen Zauberstab vorzustellen, mit dem Sie das, was Sie berühren, verwandeln können. Sie fordert den Menschen sogar auf, sich vorzustellen, wo er den Zauberstab aufbewahrt. Dies dient nicht nur dazu, den Zauber leichter auffindbar zu machen, sondern auch das Gefühl zu verstärken, einen solchen Zauberstab zu besitzen. Leider haben ja die meisten Menschen nicht das Gefühl, einen Zauberstab zu haben. Sie sind sich ihrer großen Möglichkeiten zur Verwandlung nicht bewußt. Doch zurück zum Märchen. Was müssen Sie tun, um innere Bilder durch ein Märchen in Bewegung zu bringen?

Lesen Sie ein Märchen durch. Imaginieren Sie noch einmal die Szene, die Sie sehr beeindruckt hat, und berühren Sie dann diese Szene mit dem Zauberstab. Achten Sie darauf, wie sich das imaginierte Bild ändert. So können Sie mit der konstruktiven Seite des Archetyps in Berührung kommen, die sich hinter dem Bild verbirgt.

10. Der Dialog mit dem inneren Ratgeber

In Ihrem Tiefenbewußtsein sind große Möglichkeiten verborgen, die Sie für Ihre Gesundheit und für Ihre persönliche Entwicklung nutzen können. Wir haben dieses Zentrum als das höhere Selbst oder auch als die innere Mitte bezeichnet. Das höhere Selbst kommuniziert mit Ihnen durch die Intuition oder durch die Träume.

Die hier beschriebene Imagination hilft Ihnen, zu Ihrem inneren Ratgeber – dem höheren Selbst – Kontakt aufzunehmen. Dazu ist es aber notwendig, sich den inneren Ratgeber bildlich vorzustellen. Dieses Bild ist gleichsam eine Personifizierung jener Aspekte Ihrer Persönlichkeit, die Ihnen im Wachzustand verborgen sind.

Wenn Sie also Verbindung mit Ihrem inneren Ratgeber aufnehmen, so haben Sie Zugang zu jenen Kräften, von denen Sie sonst abgetrennt sind. Es ist so, als ob höhere Energien fließen würden, die heilend und erneuernd wirken.

Der Archetyp für das höhere Selbst sind der alte weise Mann, die alte weise Frau oder der Mönch.

Sie können mit Ihrem inneren Ratgeber sprechen, wenn

- Sie sich einsam fühlen,
- Sie keiner versteht,
- Sie ein Problem lösen wollen,
- Sie eine Entscheidung fällen,
- Sie Ihre Ziele erkennen wollen.

Hier nun die Imagionationsübung, um mit dem inneren Ratgeber in Kontakt zu kommen.

Übung: Der innere Ratgeber
Stellen Sie sich vor, Sie würden auf einer Hochebene

stehen. Um Sie herum sind viele gelbe Blumen. Der Himmel ist tiefblau. Vom Plateau haben Sie einen weiten Blick. In der Ferne erblicken Sie schneebedeckte Gipfel.

Vor Ihnen entdecken Sie über einem Wald eine kleine Anhöhe. Während Sie die Anhöhe betrachten, erfüllt Sie ein Hochgefühl. Sie machen sich auf den Weg, um die Anhöhe zu besteigen.

Ihr Weg führt Sie durch den Wald. Sie nehmen die angenehme Kühle des Waldes wahr. Sie überqueren eine kleine Holzbrücke, unter der ein Bach rauscht. Sie hören das Zwitschern der Vögel im Wald. Nach dem Wald wird der Weg steiler. Er führt an einigen großen Felsen vorbei. Nun sind Sie in einer Wand aus Wolken. Sie vermögen eben noch den Weg zu erkennen.

Nach einer Weile sind Sie auf Ihrer Wanderschaft aus dem Wolkenfeld heraus. Sie sehen die Anhöhe vor sich. Der Himmel erscheint nun noch viel klarer als am Beginn Ihrer Wanderung. Im Hintergrund der Anhöhe sehen Sie die schneebedeckten Gipfel, die in der Sonne glänzen.

Nun sind Sie auf der Anhöhe. Die Ruhe, die Reinheit der Luft und die Bergkulisse faszinieren Sie.

Sie sehen in der Ferne ein gelblichweißes Licht: Das Farbbild kommt langsam auf Sie zu und wird größer. Sie fühlen sich davon nicht beunruhigt. Im Gegenteil. Ein Gefühl von Freude erfaßt Sie. Das Lichtwesen verwandelt sich in eine freundliche Person. Jetzt stehen Sie der Person gegenüber. Sie hat ein weises, gütiges Gesicht. Sie schauen sich die Person genau an. Sie fühlen sich in Gegenwart der Person sicher, weil Sie wissen, daß es Ihr Ratgeber ist. Sie fühlen sich ermuntert, über das zu sprechen, was Sie bewegt. Sie sprechen mit ihr wie mit einem guten Freund. Die weise Person beantwortet Ihre Fragen. Aufmerksam lauschen Sie auf ihre Antworten. Der Ratgeber kann auch Ihre Fragen symbolisch beantworten. Daher achten Sie auf das, was Ihnen der Ratgeber vielleicht auch zeigt, oder darauf, welche Gesten er macht.

Wenn Sie am Ende des Gespräches sind, öffnen Sie die Augen. Werden Sie sich nun des Raumes bewußt, in dem Sie sitzen.

Es ist durchaus möglich, daß Sie nicht sofort den Kontakt zu Ihrem inneren Ratgeber herstellen können. Es kann auch sein, daß Sie die Person sehen, doch keinen Rat erhalten. Daher muß die Übung nicht selten mehrmals durchgeführt werden, bevor Sie den inneren Ratgeber sehen und von ihm einen Rat erhalten. Da Sie diesen Teil von sich lange vernachlässigt haben, brauchen Sie Geduld.

Ist es Ihnen unbehaglich, Ihren inneren Ratgeber zu befragen, so denken Sie daran: Ihr innerer Ratgeber ist nur ein Symbol Ihres Selbst, mit dem Sie sonst nicht in Verbindung kommen. Gelingt es Ihnen, eine Beziehung zu Ihrem inneren Ratgeber herzustellen, dann werden Sie viele Informationen und Ratschläge von ihm erhalten. Nach meinen Erfahrungen sind die Menschen für die

Beratungen bald sehr aufgeschlossen. Der innere Ratgeber kann Ihnen zum Beispiel sagen, wann Sie dabei sind, sich selbst zu schaden oder krank zu machen. Er wird Ihnen sagen, was Sie tun können, um sich wieder wohl zu fühlen. Er teilt Ihnen mit, wie Sie Probleme meistern und wie Sie Krisen bewältigen können. Und schließlich hilft Ihnen Ihr innerer Ratgeber ganz allgemein, körperlich und seelisch gesund zu bleiben, und gibt Ihnen die Kraft, Ihre Ziele anzustreben.

Zusammenfassung

1. Die Visualisierung *Sonne* verstärkt das Sonnenhafte Ihres Wesens.

2. Die Visualisierung *Quelle* verstärkt die Kreativität und Ihre innere Lebendigkeit.

3. Die Visualisierung *Flamme* erhöht Ihre Begeisterung.

4. Die Visualisierung *Steuermann* verstärkt Ihr Zielbewußtsein.

5. Die Visualisierung *Stille* verbindet Sie mit Ihrem höheren Selbst.

6. Die Imagination von Farben beeinflußt Ihren Gemütszustand.

7. Wenn Sie eine Eigenschaft von sich als Symbol visualisieren, dann bauen Sie dazu Distanz auf.

8. Märchen regen Ihre inneren Bilder an und bewirken Entwicklungsprozesse.

9. Stellen Sie sich vor, Sie verwandeln innere Bilder mit einem Zauberstab.

10. Visualisieren Sie die Begegnung mit *dem/der Weisen in sich,* wenn Sie einen Rat brauchen.

WIE SYMBOLE

MENSCHEN HELFEN

KAPITEL IX

1. Wie ein Mann sein Stimmungstief überwand

Ein Mann erzählte: »Ich hatte ein sehr unangenehmes, schmerzliches Erlebnis mit einem Verwandten von mir. Ich war sehr traurig und gab mich dem Kummer hin. Ich erwog sogar, einen Vortrag abzusagen, den ich in vier Tagen vor einer großen Menschenmenge in unserer Stadt halten sollte. So tief war meine Stimmung gesunken. Doch dann dachte ich mir: Soll ich tatsächlich einem äußeren Ereignis einen so großen Einfluß auf mein Leben einräumen? Und liegt es nicht an mir, wenn ich es zulasse, daß ich mich schlecht fühle? Ich hatte zwar schon vor einigen Wochen einige Imaginationsübungen mit der aufgehenden Sonne am Meer gemacht. Doch aus Bequemlichkeit hatte ich die Übung nicht weiter durchgeführt. Das sollte nun anders werden. Da Wochenende war, hatte ich Zeit genug, die Übung sogar an jedem Tag siebenmal durchzuführen. Bereits nach zwei Tagen hatte sich meine negative Stimmung geändert. Natürlich hielt ich auch den Vortrag. Eine große Menschenzahl klatschte mir Beifall. Wissen Sie, was mehrere Anwesende mich fragten? ›Wie machen Sie es eigentlich, eine so gute Stimmung auszustrahlen?‹ Ich antwortete darauf: ›Ein sonniges Gemüt kann sich jeder schaffen. Er muß sich nur darum bemühen.‹

Natürlich nahm ich mir diese Äußerung selbst zu Herzen. Regelmäßig führe ich meine Imaginationsübung am

Tage mindestens zweimal durch. Ergänzend zu meiner schöpferischen Imagination führe ich auch jeden Tag zehn Minuten die reproduzierende Visualisierung eines Sonnenaufgangs durch. Als Vorlage dient mir dazu der Sonnenaufgang auf einer Postkarte. Wenn ich in Situationen bin, in denen die Menschen um mich in negativer Stimmung sind, dann stelle ich mir die Sonne in meinem Herzen vor. Ich kann diese Übung sogar mit offenen Augen durchführen. Da ich bei der Imagination die Augen nicht zu schließen brauche, merkt es niemand. So lasse ich mich nicht von negativen Gedanken anstecken. Eine große Freude erfüllt mich, selbst der Lenker meines Lebens zu sein.«

2. Ein Arzt trägt ein Symbol bei sich

Ein Arzt, der an mehreren meiner Seminare teilgenommen hatte, schickte mir ein Bild eines Armbandes mit einem kleinen Rubin darauf, das er sich bei einem Goldschmied hatte anfertigen lassen. Der Rubin ist ein roter Edelstein, von dem die Sage berichtet, er enthalte den Urfunken allen Lebens. Wenige Tage später rief mich der Arzt an und sagte: »Für mich ist das Rot des Rubins das Symbol der Lebendigkeit und Kraft. Es erinnert mich stets daran, daß es mein Ideal ist, das Leben zu schützen. Das Rot des Steins weckt meine Begeisterung und Tatkraft.

Das Rot hat für mich noch auf einer ganz anderen Ebene Bedeutung. Nur der kann die Erleuchtung erhalten, der sich auch dem Feuer aussetzt. Der Stein erinnert mich daran, wenn ich in einer schwierigen Situation bin oder in einer Reifungskrise stehe. Mein Symbol an meinem Arm hat mir schon viel Kraft und Begeisterung gegeben.«

3. Eine Studentin entwickelt Zielbewußtsein

Eine Studentin sagte zu mir: »Ich habe große Schwierigkeiten in meinem Studium. Ich kann mich einfach nicht auf meine Prüfungen konzentrieren, da ich mich von Nebeninteressen oder von meinen Studienkameradinnen immer wieder ablenken lasse. Ich sehe schwarz für mein Vorexamen. Was kann ich tun?«

Ich gab zur Antwort: »Sie müssen ganz einfach lernen, Ihre Energien zu konzentrieren.« Ich empfahl ihr zunächst die Imaginationsübung *Steuermann.* Die Studentin konnte dazu aber keine innere Beziehung schaffen. Deshalb empfahl ich ihr die Übung des Bogenschießens. Dazu sollte sich die Studentin vorstellen, wie sie Pfeil und Bogen spannt und in den Mittelpunkt eines Zieles zielt. Dann sollte sie den Pfeil loslassen und beobachten, wie der Pfeil direkt auf geradem Weg ins Ziel fliegt. Dann sollte sie das Pfeilschießen bei einer Übung mehrere Male wiederholen, um die zielgerichtete Kraft zu erleben.

Zusätzlich empfahl ich ihr den Bejahungstext: »Ich lenke alle meine Energien auf mein Studium.«

Drei Wochen später erzählte mir die Studentin vom Erfolg ihrer Übung. Sie sagte: »Es gelingt mir jetzt schon gut, mich nicht von anderen ablenken zu lassen. Ich habe die zielgerichtete Kraft des Pfeiles verinnerlicht. Ich kann jetzt auch nein zu Ablenkungen sagen. Ich plane meinen Tagesablauf, die Vorbereitungen für meine nächste Prüfung.«

Die Übung hatte der jungen Dame also geholfen, die in ihr ruhende Kraft zu lenken. Doch nur die konsequente Übung und Schulung hilft die Energien richtunggebend zu lenken.

4. Die Morgenröte, ein Symbol der Hoffnung

Der Weisheitslehrer Gibran erlebte in seinem Leben sehr viel Leid. Die Morgenröte war für ihn immer ein Symbol der Hoffnung, die ihn sein ganzes Leben begleitete. Er schreibt: »Wer die Morgendämmerung in seinen Träumen umarmt, ist unsterblich!« Und an anderer Stelle: »Nur auf dem Pfad der Nacht erreicht man die Morgenröte.« Nach der Dunkelheit der Nacht verheißt die Morgenröte das Kommen des Lichtes. Die Morgenröte, deren Zauber jeden mit Hoffnung erfüllt, leuchtet in der ganzen Poesie Gibrans auf.

5. Die Symbole Berg und Himmel geben einem Mann Kraft

Ein Mann berichtet: »Es kommt bei mir doch manchmal vor, daß ich ungeduldig bin. Auch gibt es bei mir manchmal Augenblicke, da möchte ich aufgeben, weil ich verzagt bin. In solchen Situationen ist meine Geduld auf eine harte Probe gestellt. Es hilft mir dann sehr, wenn ich gleichsam auf einer höheren Warte stehe und eine ganz andere Perspektive beziehe. Ich stelle mir dann vor, ich stünde auf einem Berg und erblickte die Landschaft unter mir. Ich erinnere mich dazu eines Ferienerlebnisses, das ich hatte. Den Ausblick von dem Berg habe ich sogar auf einem Foto festgehalten. Auf dem Gipfel erlebe ich ein Gefühl der Erhabenheit. Ich erlebe auch die Weite meines Wesens. Ich habe ein Gefühl großer Freiheit, und alle Begrenzungen scheinen zu fallen. Stärke erfüllt mich. In solchen Erlebnissen werde ich mir nicht nur der Unendlichkeit des Raumes, sondern auch der Unendlichkeit meines Geistes bewußt. Bei solchen Erlebnissen verschwinden Verzagtheit und Ungeduld. Ich entwickle Zuversicht und Glauben. Ich fühle, daß ich auch teilhabe an der höheren Kraft. Meine Zuversicht und mein Glauben sind dann die Quelle meiner Beharrlichkeit.

6. Wie der innere Ratgeber hilft

Ein Angestellter steckte in einer schweren Krise; er hatte erhebliche Spannungen am Arbeitsplatz. In dieser Situation machte er die Übung *Der Dialog mit dem inneren Ratgeber*. Er erzählte: »Ich sehe einen Berg vor mir. Ein Weg führt zu ihm hinauf, und ich gehe ihn. Zu beiden Seiten des Weges sehe ich Wiesen und bunte Blumen. Nach einiger Zeit wird der Weg steiler, und ich muß mich anstrengen. Ich gehe durch Nebelwolken. Dann bin ich über dem Nebel. Ich bin auf einem großen Plateau. Ich sehe das intensive Blau des Himmels, einige Berge und das Tal unter mir. Vor mir erblicke ich eine Bank, auf der ein alter, weiser Mann mit weißen Haaren sitzt. Der weise Mann lächelt mich an; er strahlt Herzlichkeit aus. Er bittet mich, näher zu kommen. Ich trete näher. Eine große Freude erfaßt mich. Der weise Mann sagt zu mir: ›Ich kenne dich. Du brauchst dir keine Sorgen zu machen. Du wirst die Situation meistern. Du mußt nur wollen. Gib deiner Umwelt mehr Anerkennung. Zeige ihr mehr Zuneigung.‹ Ich hatte das große Bedürfnis, diesen Ratschlag zu befolgen. Danach machte ich mich dran, meine Beziehungen am Arbeitsplatz zu verbessern. Ich war selbst überrascht, wie der innere Dialog solche Veränderungen bewirken konnte. Verborgene Kräfte haben heilend auf mich gewirkt. Wenn sich für mich irgendwann ein Problem ergibt, führe ich den inneren Dialog.«

7. Ein Symbol löst intuitive Erfahrungen aus

Seit Jahrtausenden ist die innere Stille eine ausgezeichnete Methode, mit den großen Möglichkeiten des Tiefenbewußtseins in Kontakt zu kommen. Der Buddhismus vergleicht diesen Zustand auch mit einem ruhigen See, dem man bis auf den Grund sehen kann. Für viele Menschen wird aber der Gedankenfluß nur noch intensiver, wenn sie ihn mit Absicht unterdrücken. Sehr hilfreich, die Gedankenstille zu erreichen, ist die Methode der Achtsamkeits- und Vertiefungsmeditation, nach der auch Erich Fromm meditiert hat. Zu dieser Meditationsart führe ich auch Seminare durch. Hier ein Erlebnis, das ein 45jähriger Diplom-Ingenieur in der Meditation hatte. Er erzählte: »Zunächst zogen viele Gedanken durch meinen Geist. Ich betrachtete sie wie Bilder eines Filmes. Die Gedanken wurden immer weniger. Ich gelangte in einen Zustand heller Wachsamkeit und fühlte mich entspannt und leicht. Plötzlich sah ich die Sterne und aus dem Weltenraum unseren blauen Planeten. Alles war in einer großen Harmonie. Die Erkenntnis durchfuhr mich: In der Schöpfung ist alles gut. Aber wir Menschen verlieren die Harmonie, wenn wir voller Gier, Haß und Wahn sind. Ich entdeckte bei diesem Erlebnis auch die innere Harmonie in mir. Die Meditation führte dazu, daß sich innere Harmonie und intuitive Erkenntnis entwickelten. Bei diesem Erlebnis erfuhr ich unvermittelt eine tiefe Wahrheit. Ich erfuhr die Ganzheit. Das Erlebnis hat einen bleibenden Eindruck bei mir hinterlassen.«

8. Ein Mann stellt neue Weichen in seinem Beruf

Ein Arzt war zwei Jahre in der medizinischen Forschung tätig. Es ergaben sich aber Spannungen zu seinen Vorgesetzten, er fühlte sich in seinem Beruf nicht mehr glücklich, und er dachte daran, sich zu verändern. In dieser Situation unterhielt er sich mit mir. Um ihm zu helfen, nahm ich die Astrologie zu Hilfe. Es soll hier aber keineswegs sein gesamtes Geburtshoroskop (Persönlichkeitsanalyse) besprochen werden, sondern nur das, was für die Entscheidung dieses Mannes bedeutsam war.

Die Opposition Merkur zum Pluto sagt aus, daß der Mann hinsichtlich seines Handelns unter großem Anpassungsdruck steht. Es fällt ihm schwer, nicht den ersten Platz einzunehmen. Dazu kommt noch der Aszendent Löwe, der zum Ausdruck bringt, daß der Arzt von anderen Respekt und Aufmerksamkeit erwartet. Erschwerend wirkt die Sonne in Opposition zum Pluto. Diese Konstellation sagt aus, daß ein solcher Mensch zu impulsiv ist und die anderen (hier den Chef) eines Besseren belehren will. Ein solcher Mensch neigt zu heftigen Auseinandersetzungen, wenn der andere nicht seiner Meinung ist. So wundert es nicht, daß der Arzt seinem Vorgesetzten gegenüber eine starke Aggression empfand. Alles das wird noch verstärkt durch die Opposition Mond zum Mars. Menschen mit einer solchen Konstellation verlieren schon wegen geringer Vorkommnisse die Selbstbeherrschung. Und gerade ein solcher Mensch muß sich vor Streitigkeiten hüten und Selbstbeherrschung entwickeln. Ebenfalls zu Schwierigkeiten mit Vorgesetzten führt die Beziehung Sonne–Quadrat–Mars. Ein solcher Mensch ist sehr energisch und impulsiv. Er kann zum schlimmsten Feind seiner selbst werden. Er tendiert zu kämpferischem Selbstausdruck und neigt dazu, seine Wünsche auf Biegen und Brechen durchzusetzen. Mit seinem Verhalten beschwört er nur die Empörung der anderen herauf, die sein Verhalten egoistisch finden. Ein solcher Mensch ist halsstarrig, reizbar und tendiert zum Jähzorn. Beschränken wir uns jetzt auf diese Feststellungen, die schon deutlich genug machen, weshalb der Arzt nur zu leicht in Spannungsfelder mit seinem Chef geraten konnte. Natürlich muß er auch noch eine ganze Menge tun, um die beschriebenen Oppositionen und Quadrate zu harmonisieren. Doch wie sollte der Mann sich beruflich verändern? Und entspricht nicht vielmehr eine andere Tätigkeit seinem tiefsten Wesen? Der Arzt hatte mehr Planeten im 6. Haus (Feld). Das 6. Haus ist das Haus des Dienens und Helfens und das Sichverlieren im Heilenkönnen. Ich wies den Arzt darauf hin. Er antwortete: »Ich hatte tatsächlich schon daran gedacht, eine eigene Praxis zu eröffnen. Ich scheute bisher vor der finanziellen Belastung zurück. Schließlich habe ich eine Durststrecke vor mir, die gewiß einige Jahre dauern wird.« Das Haus mit den zweithöchsten Planetenbesetzungen in seinem Horoskop ist das 9. Haus. Es ist das Haus der Philosophie, der Religion, der geistigen und religiösen Unterweisungen. Menschen mit Betonung dieses Hauses können mit dem kosmischen Bewußtsein in Beziehung treten. Sie beziehen daraus ihre Inspiration und können so den Umgang mit den Menschen harmonisch gestalten. Menschen mit einer Betonung dieses Hauses haben besondere Fähigkeiten, höhere Inspirationsstufen zu erreichen. Sie vermögen Weisheit zu entwickeln und ein Gemeinschaftsbewußtsein zu entfalten. Oft dienen auch Reisen dafür, ein breites Spielfeld der menschlichen Kultur zu erfahren. Der Mann erläuterte: »Tatsächlich haben mich die Religionen und Reisen schon immer interessiert. Ich möchte fremde Kulturen kennenlernen. Außerdem interessieren mich die uralten Weisheiten, die sich im esoterischen Wissen niedergeschlagen haben.« Ich sagte zu ihm: »Ihre Sonne hat ein Trigon zum Neptun. Mit dieser Beziehung haben Sie große intuitive Fähigkeiten und verfügen über Mitempfinden. Sie verfügen über die Gabe der spirituellen Führung anderer. Wenn Sie diese Gabe immer mehr zur Ausbildung bringen, so können Sie Mitmenschen geistig stärken und Kraft auf sie übertragen.

Ihre Konstellation Mond-Trigon-Aszendent bringt zum Ausdruck, daß Sie gegenüber den Gefühlsäußerungen und den emotionalen Bedürfnissen anderer Menschen sehr feinfühlig sind. Sie vermögen sehr gute emotionale Kontakte mit den verschiedensten Menschen herzustellen und üben eine harmonisierende, besänftigende Wirkung auf andere aus. Übrigens weist auch die Konstellation Mond–Sextil–Jupiter in eine ähnliche Richtung. Es wird Ihnen leichtfallen, Optimismus und ein fröhliches Gemüt zu entwickeln. Ihre Rechtschaffenheit und aufrichtige Nächstenliebe werden Ihnen in der Praxis sehr helfen. Übrigens kann jeder mit Geduld und der Technik der kleinen Schritte sein Ziel erreichen, seine Pläne in die Tat umsetzen. Da Ihr Saturn im Sextil zum Medium Coeli (Himmelsmitte) steht, werden Sie mit Ihrer Disziplin und der Fähigkeit, planmäßig zu organisieren, eine gute Praxis aufbauen.« Der Arzt schaute mich freudig an. Er sagte: »Im tiefsten Herzen habe ich es schon immer gewollt, doch offenbar immer wieder verdrängt. Nun wird mich nichts mehr davon abhalten, endlich eine eigene Praxis aufzumachen.«

9. Lassen Sie Ihrer Seele Flügel wachsen

Haben Sie sich für ein Symbol entschieden, von dem Sie sich ganz durchdringen lassen wollen?

Das Symbol Ihrer Wahl verbindet Sie mit Ihrem Tiefenbewußtsein und erschließt Ihnen ganz neue Bewußtseinsdimensionen.

In meinem Arbeitszimmer steht ein aus Hibiskus-Holz geschnitzter Adler. Er erinnert mich daran, mich in die Höhe des Bewußtseins aufzuschwingen.

Die Bilder eines Berges aus der Schweiz und eines Berges aus Ecuador sind für mich Symbole der Kraft, des Geistesfriedens und der spirituellen Erweiterung. Für welche Symbole begeistern Sie sich?

Der folgende Teil II des Buches gibt Ihnen einen Überblick über die Bedeutung von Symbolen, die alphabetisch geordnet sind. Das Symbolverzeichnis hilft Ihnen außerdem, Ihre Symbolbilder zu deuten. Obendrein können Sie das Symbolverzeichnis auch zur Symboldeutung Ihrer Träume heranziehen.

Zusammenfassung

1. Wenn Sie ein Stimmungstief haben, dann machen Sie die Visualisierung *Aufgehende Sonne am Meer* nicht nur 2- bis 3mal, sondern mehrmals am Tag.

2. Sie können die Imagination auch mit offenen Augen durchführen.

3. Visualisieren Sie die aufgehende Sonne im Herzen, dann stecken Sie sich nicht mit negativen Gefühlen an.

4. Edelsteine sind prächtige Symbole.

5. Die Imagination, den Bogen zu spannen und den Pfeil ins Ziel abzuschießen, ist eine ausgezeichnete Übung, um Zielbewußtsein aufzubauen.

6. Sie erleben Zustände als Symbole. Ihr Selbst, der Kern, spricht in der Symbolsprache zu Ihnen.

7. Die Morgenröte verbindet die Nacht mit dem Tag und ist ein Symbol der Hoffnung.

8. Der Blick von einem Gipfel des Berges während der Imagination eröffnet Ihnen neue Bewußtseinsschichten. Sie vermögen Situationen aus einer neuen Perspektive zu sehen.

9. Der innere Dialog mit dem weisen Mann weckt heilende Kräfte in Ihnen.

10. Meditation bringt Sie zu intuitiver Erkenntnis. Hierbei spielen Symbole oft eine große Rolle.

11. Das Geburtshoroskop – die Persönlichkeitsanalyse – ermöglicht Ihnen, sich selbst und Ihre geheimen Wünsche zu erkennen. Mit diesem Wissen fällen Sie bessere Entscheidungen.

12. Symbole führen Sie in neue Dimensionen der Erfahrung.

TEIL II

DAS LEXIKON

DER SYMBOLE

A

Der Abgrund

Der Abgrund symbolisiert Zustände, die im Dunkel des Anfangs oder im Dunkel des Endes liegen. Nach C.G. Jung erscheint das Symbol des Abgrundes in Verbindung mit dem Symbol der liebenden und schrecklichen Mutter. Der Abgrund steht auch in Zusammenhang mit den Kräften des Unbewußten. Das Bild des Abgrundes kann eine Gefahr signalisieren. Führt der Weg bis an den Abgrund und nicht weiter, dann ist Umkehr erforderlich. Führt jedoch ein enger Weg in den Abgrund, dann fordert er auf, die ganze Tiefe einer Situation wahrzunehmen und auszuschöpfen. Führt eine Brücke über den Abgrund, so symbolisiert der Abgrund Lebensschwierigkeiten, die überbrückt werden können.

Der Acker

Der gepflügte Acker symbolisiert den weiblichen Schoß. Der ungepflügte Acker kann ein Symbol für die Jungfräulichkeit sein. Taucht der Acker als Symbol bei einer Imagination auf, so bedeutet das, daß eine sehr fruchtbare Phase des Lebens bevorsteht oder daß noch etwas brachliegt.

Der Adler

Der Adler ist der König der Lüfte. Von allen Vögeln fliegt er am höchsten und hat die schärfsten Augen. Da der Adler am nächsten bei der Sonne fliegt, ist er auch ein Symbol der Auferstehung. Der Adler ist ein Symbol für Bewußtheit und die Größe des Geistes. Er ist Ausdruck höchsten Wissens. C.G. Jung sieht im Adler sowohl ein väterliches Symbol als auch eine archaische Gottesvorstellung. Der Adler drückt als Symbol eine sehr positive geistige Situation aus. Ist der Adler im Flug behindert, so deutet das auf eine Behinderung der geistigen Freiheit. Manche Mystiker haben den aufsteigenden Adler mit der Seele und dem aufsteigenden Gebet verglichen. Die römischen Legionen verwendeten den Adler als Feldzeichen. Heute dient der Adler als Wappensymbol zahlreicher Länder; siehe Bild 11, Adler als Wappentier.

Die Ähre

In Ägypten war das sich zur Ähre entwickelnde Korn Symbol des vom Tode auferstehenden Osiris. In der Saat und der Ernte sah der Mensch eine Analogie zum Leben, zum Tod und zur Wiedergeburt. Die Ähre ist im Christentum auch Symbol Mariens. Denn aus dem Weizen wird die Hostie hergestellt. Auf Grabsteinen ist die Ähre ein Auferstehungssymbol.

Der Affe

Der Affe ist ein Symboltier, das weit verbreitet ist. Er zeichnet sich durch Intelligenz, Nachahmungstrieb und Hinterlist aus. Hinzu kommt eine starke sexuelle Erregbarkeit. In den Ländern des Fernen Ostens dient er oft als Symbol der Weisheit. Im alten Ägypten wurde der Mantelpavian als göttliches Wesen verehrt. Auf Darstellungen sieht man ihn als großes weißes Wesen mit erigiertem Phallus. Oft ist eine Mondscheibe auf seinem Kopf. Diese stellt den Mondgott Thot dar, der der Schutzpatron der Gelehrten und Schreiber ist. Im Christentum wird der Affe oft negativ gesehen. Er symbolisiert dann einen Menschen, der durch seine Sünden und Laster zum Tier geworden ist. Tritt der Affe als Symbol in einer sexuellen Szene auf, so bedeutet das, daß eine sexuelle Beziehung einer menschlichen Vertiefung bedarf.

Alpha und Omega

A und Ω sind die Anfangs- und die Endbuchstaben des griechischen Alphabets, die alle anderen Buchstaben einschließen. Beides ist ein Symbol für Gottvater und für Christus. Es steht in der Offenbarung Joh. 22,13: »Ich bin das A und das Ω, der Erste und der Letzte, der Anfang und das Ziel.«

Teilhard de Chardin benutzt **A** und **Ω**, um seine Evolutionstheorie zu veranschaulichen.

Der Altar

Ein Altar, erhöhte Stätte in einem Kulturzentrum, dient bei fast allen Religionen für heilige Handlungen. Die Erhebung bringt zum Ausdruck, daß die Opfergaben zu Gott bzw. den Göttern erhoben werden. Der Altar ist für die Gläubigen ein wichtiges Zentrum und ein Symbol der Weltmitte. Ab dem 4. Jahrhundert dient der Altar auch als Symbol der Zuflucht, da dort niemand ergriffen werden durfte.

Der Amboß

Der Amboß ist ein Symbol der Tapferkeit und Stärke. Der Amboß wird manchmal auch als weibliches Symbol im Gegensatz zum männlichen Symbol des Hammers gedeutet.

Der alte Mann

Der alte Mann kann Ausdruck der Starrheit sein, wenn der alte Mann persönliche Züge des Menschen trägt. Als weiser alter Mann ist es die archetypische Figur des alten Weisen.

Die Amputation Mit dem Bild einer Amputation signalisiert das Unbewußte eine unangenehme Situation. Der Verlust eines Beines ist ein Hinweis auf Stagnation oder den Verlust eines geistigen oder seelischen Standortes. Der Verlust der Hand bedeutet eine Einschränkung in der Freiheit zu handeln. Der Verlust des Kopfes kann bedeuten, daß der Mensch in einer Situation den Kopf verloren hat. Es kann aber auch eine Aufforderung sein, das Denken aufzugeben und mehr die Gefühle sprechen zu lassen.

Der Anker Der Anker dient dazu, dem Schiff Halt zu geben. Der Anker ist ein Symbol der Hoffnung.

Der Apfel Der Apfel ist ein uraltes Fruchtbarkeitssymbol. Wegen der Ähnlichkeit mit der weiblichen Brust ist er auch ein Sexualsymbol. In der christlichen

Mythologie hat der Apfel die Bedeutung des Sündenfalls.

Die Arche

In der Bibel ist die Arche das Schiff, mit dem Noah seine Familie und einige Tiere vor der Sintflut rettet.

Nach C.G. Jung ist die Arche Noah ein Symbol des mütterlichen Schoßes. Die Arche symbolisiert auch alles Wissen, das nicht untergehen kann.

Der Arm

Der Arm ist ein Symbol der Kraft und des Handelns. Der Arm mit der Hand, die auf einem Bild aus der Wolke ins Bild greift, ist ein sehr altes Symbol Gottes.

Das Auge

Das Auge ist ein Sehorgan und das Fenster zur Welt. Der Volksmund nennt das Auge auch den Spiegel der Seele. Im alten Ägypten waren Sonne und Mond die Augen des Himmelgottes Horus. In Ägypten war das Udjat-Auge des Himmelsgottes Horus, siehe Abb. links, ein oft verwendetes Amulett. Das Auge symbolisiert weite Sicht und Allwissenheit. Auch in der Bibel ist das Auge Symbol für Weisheit, geistiges Sehen und für Allwissenheit. Im Buddhismus ist das dritte Auge ein Symbol der inneren Schau. Das Auge in einem Dreieck symbolisiert Gottvater in der Dreifaltigkeit. Das Auge hat auch die Bedeutung einer inneren Bewußtwerdung. Das rechte Auge wurde gelegentlich mit Aktivität, der Sonne und der Zukunft in Verbindung gebracht; das linke Auge mit Passivität, der Vergangenheit und dem Mond.

Die Auster

Die Auster ist ein Fruchtbarkeitssymbol. In China heißt sie Perlenbauch, da sie schwanger von der Perle ist und mit dem befruchteten Schoß einer Frau verglichen wird.

B

Das Bad

Das Bad hat die Bedeutung eines Reinigungssymbols. Die Sünde, der Schmutz, wird durch das Wasser wieder abgewaschen. In der Antike wurden Götterstatuen rituell gebadet. Der Christ glaubt, durch die Taufe von Sünden gereinigt zu werden. In der Alchemie ist das Bad der Ausdruck einer mystischen Vereinigung.

Der Ball

Der Ball ist als Kugel ein Ganzheitssymbol. Der Erdball und der Sonnenball machen es verständlich, daß der Ball als ein Symbol konzentrierter psychischer Energie fungiert. Da die psychische Energie auch Veränderungen auslöst, hat der Ball auch die Rolle eines Wandlungssymbols. Ein bekanntes Beispiel dazu ist das Märchen vom Froschkönig.

Der Bär

Als Tiersymbol wird der Bär als weiblich angesehen. Im Traum kann der Bär als mütterliches und hilfreiches Tier auftreten. Der Bär hat aber auch noch einen anderen Aspekt. Im Altertum stellte ein hungriger Bär eine große Gefahr für den Menschen dar. In der Bibel steht der Bär für Grimm und Zorn. Nach C.G. Jung ist der Bär ein Symbol des gefährlichen Aspektes des Unbewußten.

Der Baum

Der Baum ist ein archetypisches Symbol des Lebens. Da der Laubbaum sein Blattkleid jährlich erneuert, ist er ein Symbol des den Tod immer besiegenden Lebens. Der Baum verbindet Himmel und Erde. So wurde der Baum auch zu einem Symbol für die Verbindung des Unterirdischen, des Lebens auf der Erde und des Himmels. Der Baum gewährt auch Schutz. So kann er in seinem Dach Vögel und deren Nester bergen. Der weibliche Charakter des Baumes zeigt sich auch darin, daß der Baum Triebe entwickeln, also gebären kann. Der aufrechte Stamm des Baumes ist ein Phallussymbol. Während die Frucht- und Laubbäume durch ihre Wipfel mehr weiblichen Charakter haben, sind zum Beispiel Bäume wie Zypressen phallisch betont. Der Baum ist ein wichtiges Symbol für die persönliche Entwicklung und das geistig-seelische Wachstum.

Der Berg

Der Berg wurde früher als der Sitz der Götter angesehen. Er ist ein Symbol der Verbindung von Himmel und Erde. Er ist Symbol des geistigen Aufstiegs und der Höherentwicklung. Wegen seiner großen Masse ist der Berg auch Symbol der Unerschütterlichkeit. Auf dem Berg spielten sich früher wichtige Ereignisse ab. So erhielt zum Beispiel Moses die Gesetzestafeln auf dem Berg Sinai. Der Weg auf einen Berg bedeutet, daß Sie dabei sind, ein Problem anzugehen. Der freie, weite Ausblick vom Gipfel symbolisiert

Freiheit und Harmonie. Ein vereister Berggipfel symbolisiert seelische Kälte und die Gefahr der Vereinsamung. Wenn jemand in der Imagination nicht fähig ist, einen Gipfel zu besteigen, so zeigt das innere Störungen an.

Die Biene

Die Ägypter sahen in der Biene ein Symbol der Seele. Die Biene ist ein Symbol für Organisation und Fleiß. Durch ihre unermüdliche Arbeit wurde die Biene im Christentum ein Symbol der Hoffnung.

Die Birke

Bei den Slawen und den Germanen war die Birke ein Sinnbild des Frühlings und der Kraft, die Leben erweckt. In Rußland ist die Bjrke ein Symbol des jungen Mädchens.

Die Blume

Die Blume ist ein Symbol des Wachstums und der Schönheit. Da die Blume dem Himmel und der Sonne zugewendet ist, wird in der Haltung des Empfangens auch das passive Prinzip zum Ausdruck gebracht. Der Blumenstrauß ist ein Ausdruck geistiger Vollkommenheit. Wegen der Zartheit ist die Blume auch ein Symbol der Vergänglichkeit und des flüchtigen Charakters der Schönheit.

Das Blut

Das Blut ist ein Symbol für Lebenskraft. Der Glaube mißt dem Blut eine große Kraft zu. In der Antike und in der Alchemie des Mittelalters wurde das Blut als der Sitz der Seele angesehen. Wie das Wort heißblütig auch zum Ausdruck bringt, symbolisiert das Blut auch die Liebe und ihr Feuer. Der Austausch von Blut in der Imagination ist Ausdruck einer seelischen Vereinigung, wie sie auch beim Ritual der Blutsbrüderschaft zum Ausdruck kommt. Blutzufuhr kann als Ausdruck seelischer Bereicherung gedeutet werden.

Das Brot Das Brot ist das wichtigste Nahrungsmittel vieler Kulturvölker. In allen Religionen ist es auch ein Symbol für spirituelle Nahrung und Gotteserfahrung. In der Imagination ist das Brot Ausdruck für eine Stärkung durch seelische Nahrung.

Die Brücke Die Brücke ist die Verbindung von zwei räumlich getrennten Dingen. Daher ist die Brücke ein Symbol für Verbindung und Vermittlung. Die Brücke verbindet nicht nur, sie überbrückt auch. Bei vielen Völkern wird der Regenbogen als Brücke zwischen Himmel und Erde angesehen. In der Imagination ist die Brücke ein Symbol für Kommunikation. Eine Rolle spielt, in welchem Zustand die Brücke ist.

Der Brunnen Der Brunnen ist mit dem Wasser eng verbunden. Der Brunnen hat die Symbolbedeutung des Jungbrunnens erhalten. Das Eintauchen in das Wasser des Brunnens verleiht Jugend und Gesundheit.

Die Brust

Die Brust ist ein Symbol des Weiblichen und Mütterlichen. In der Imagination kann die Brust eine starke Mutterbindung zum Ausdruck bringen.

Das Buch

Das Buch ist ein Symbol der Weisheit und des Wissens. Es ist auch ein Sinnbild der Gesamtheit des Universums, da das Buch aus vielen Blättern zu einer Einheit zusammengefügt wurde. Die Orientalen hatten die Vorstellung, daß das Schicksal jedes Menschen in einem Buch aufgezeichnet sei. Das Buch mit den sieben Siegeln der Offenbarung ist ein Symbol esoterischen Geheimwissens. Das Bild eines geschlossenen Buches deutet auf noch nicht verwirklichte Möglichkeiten hin. Das aufgeschlagene Buch deutet auf die Erfüllung einer Verheißung hin.

Die Burg

Die Burg ist ein auf einer Höhe liegender oder von Wald umgebener Wohnort. Die Burg gewährt Sicherheit. So ist die Burg ein Symbol des

Schutzes. Wegen der Unzugänglichkeit und der Abgetrenntheit kann die Burg auch Symbol der Transzendenz sein. Da die Burg früher der Wohnsitz von Königinnen war, ist die Burg auch ein Muttersymbol.

C

Das Chaos

Das Chaos ist im antiken und biblischen Schöpfungsbericht Sinnbild für die Welt vor der Entstehung. Bilder des Chaos können nach C.G. Jung einfache geometrische Strukturen bei der Imagination sein. Der Individuationsprozeß der Imaginierenden ist hierbei noch behindert. Bei fortschreitender Individuation erscheinen nach den anfänglichen Bildern des Chaos Symbole der Ordnung, die oft komplizierte geometrische Muster haben.

Das Christusmonogramm

Ein Christusmonogramm besteht aus den griechischen Anfangsbuchstaben des Namens Christus: **X** (Chi) und **P** (Rho). Oft wurden beide Buchstaben von einem Kreis umschlossen, und oft wurden auch die Buchstaben **A** und **Ω** hinzugefügt. Siehe nebenstehende Abb.

Durch den Kreis wurden die beiden Buchstaben auch zum kosmischen und zum Sonnensymbol.

D

Der Delphin

Der Delphin ist ein sehr intelligentes Tier, das menschenfreundlich ist. Er soll angeblich ins Wasser gefallene Personen auf seinen Rücken nehmen und wieder an Land bringen.

Der Diamant

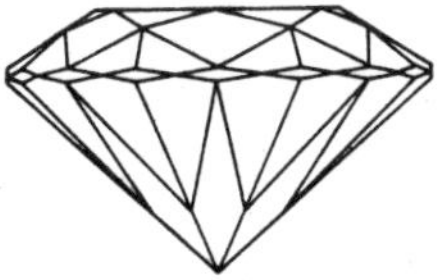

Der Diamant ist ein sehr wertvoller Edelstein. Er ist ein Symbol für Reinheit und Geistigkeit. Im Buddhismus ist er ein Symbol für klares Bewußtsein. Eine Richtung des Buddhismus, nämlich das Diamant-Fahrzeug, ist nach ihm benannt. Er ist ein Symbol seelischer Ganzheit, das das Bewußtsein und das Unbewußte umfaßt.

Taucht der Diamant in der Imagination auf, so ist das ein sehr positives Zeichen.

Der Drache

Der Drache kommt in vielen Mythen und Märchen der Völker vor. Im Märchen bewacht der Drache die Jungfrau. Der Kampf mit dem Drachen symbolisiert den Kampf gegen die animalische Seite der Sexualität. Der Drache ist auch ein Archetyp, der für die Mutter steht, die ihren Sohn nicht an eine andere Frau verlieren will. Der Drache symbolisiert die bedrohliche Seite der Frau. Taucht in der Imagination ein Drachenkampf auf, so bedeutet das einen Kampf mit der unbewußten Seite, den der Imaginierende ausführt.

Das Dreieck

Das gleichseitige Dreieck ist das äußere Bild der Zahl 3. Das Dreieck mit der Spitze nach oben ist das Symbol des Geistes und hat einen männlichen Aspekt und ein Symbol des Feuers. Zeigt das gleichseitige Dreieck mit der Spitze nach unten, dann ist es ein Symbol des Wassers und des weiblichen Geschlechts. Das gleichseitige Dreieck wird auch als Zeichen für Gott und für Harmonie verwendet. Die Freimaurer verwenden das Symbol für die Stärke und die Schönheit Gottes.

Der Dreizack

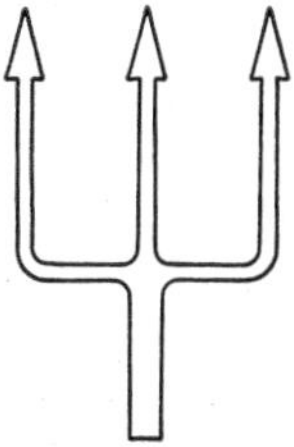

Der Dreizack ist in den Mittelmeerländern ein gabelartiges Fanggerät der Fischer. In Indien wird er dem Gott Shiva zugerechnet und symbolisiert die Zeiten Vergangenheit, Gegenwart und Zukunft. Der Dreizack ist ein Symbol Poseidons oder Neptuns.

E

Die Edelsteine

Das Leuchten der Edelsteine dient als Symbol für das Strahlen himmlischer Mächte und des himmlischen Lichtes. Schon in babylonischer Zeit wurden die Edelsteine den Gestirnen zugeordnet.

Das Ei

Das Ei ist ein Symbol des Lebens und der Fruchtbarkeit. In Ägypten war das Ei sogar ein Symbol für das Weiterleben nach dem Tode. So ist das Ei ein Wiedergeburtssymbol. Diese Bedeutung haben auch die Ostereier. In den Mythen vieler Völker gibt es die Vorstellung vom Weltei, aus dem sich Himmel und Erde entwickelten.

Die Eiche

Bei vielen indogermanischen Völkern war die Eiche ein heiliger Baum. Wegen des kräftigen Wuchses und der Härte des Holzes war die Eiche schon in der Antike ein Symbol für Männlichkeit und Stärke.

Das Eichenlaub

Seit dem 18. Jahrhundert wird das Eichenlaub als Siegeslorbeer verwendet.

Das Eis

Taucht das Eis in einer Imagination auf, so bedeutet das seelische Kälte und das Einfrieren von Beziehungen.

Der Elefant

In Asien ist der Elefant ein Reittier der Mächtigen und der Könige. Der Elefant ist ein Symbol der Kraft, der Weisheit und des Glücks. In Afrika ist der Elefant auch ein Symbol für ein langes Leben. Der Elefant gilt als Führer in eine positive Richtung.

Die Elemente

Die Elemente wurden als die Bausteine aller Dinge angenommen. Die meisten Kulturen gehen von vier Elementen aus. Es sind dies Feuer, Wasser, Luft und Erde. Das hängt wahrscheinlich mit der Symbolik der Zahl 4 zusammen, denn die Zahl 4 ist ein Symbol für Ganzheit. Die Astrologie verknüpft die Elemente mit den Tierkreiszeichen. Es gibt vier Trigone: Feuerzeichen (Widder, Löwe, Schütze), Wasserzeichen (Krebs, Skorpion, Fische), Luftzeichen (Zwilling, Waage, Wassermann), Erdzeichen (Stier, Jungfrau, Steinbock).

Der Engel

Die Engel sind Geisteswesen. Sie sind ein Symbol des Schutzes. Die Engel sind die Vermittler zwischen der sichtbaren und der nicht sichtbaren Wirklichkeit.

Die Erdbeere

Die Erdbeere ist ein positives Sexualsymbol. Die reife Frucht ist ein Symbol für die Reife einer jungen Frau zur Mutterschaft. Wegen ihres geringen Wuchses ist die Erdbeere ein Symbol für Demut und Bescheidenheit.

Die Erde

Da sich alles Lebendige von den Früchten der Erde ernährt, entwickelt sich die Vorstellung von der helfenden und nährenden Mutter Erde.

Die Erde ist jedoch nicht nur der Schoß, aus dem sich das Leben entwickelt. Die Erde ist auch ein Grab, denn alles Leben kehrt zur Erde zurück. Pflanzen, Tiere und Menschen verwesen. So kann die Erde auch zum Symbol der Vergänglichkeit werden.

Der Esel

Der Esel hat gegensätzliche Bedeutung. Wegen seines störrischen Wesens wird der Esel oft mit der Sexualität des Mannes in Beziehung gebracht. Bei seinem Einzug in Jerusalem reitet Jesus auf einem Esel. Der Esel ist auch ein Symbol der Sanftheit.

Die Eule

Die Eule war im alten Ägypten und in Indien ein Totenvogel. Dem Volksmund war die Eule wegen ihrer Lichtscheu und ihrer klagenden Schreie immer unheimlich. Sie wurde daher auch zur Vorbotin des Todes. In der Antike wurde die Eule mit der Göttin Pallas Athene, der Göttin der Weisheit und der Wissenschaften, in Zusammenhang gebracht. Dies erfolgte deshalb, weil die Eule in der Dunkelheit gut sieht. So wurde die Eule zum Symbol der Weisheit, die die Dunkelheit des Nichtwissens durchdringt. In der Bibel hat die Eule negative und positive Bedeutung. Im Negativen ist sie ein Symbol der Finsternis, im Positiven ein Zeichen der kontemplativen Weisheit.

F

Die Fackel

Die Fackel ist ein besonderes Symbol des Feuers. Die Fackel ist ein Symbol für Reinigung, Erleuchtung, Freude und Hoffnung. Da bei den Olympischen Spielen das olympische Feuer als Fackel von Land zu Land gebracht wird, kann sie auch als Symbol für die Weitergabe von psychischer Energie und geistigen Werten verstanden werden.

Der Falke

Bei den alten Ägyptern war der Falke Symbol des Sonnengottes Re. Der Falke gilt auch als der mythische Vorgänger der Inka.

Die Farben

Siehe zur Bedeutung der Farben das Kapitel 3 über die Symbolik der Farben.

Der Felsen

Der Felsen ist ein Symbol für Festigkeit und Unveränderlichkeit. In der Bibel ist er ein Symbol für die Treue und die Stärke Gottes. Petrus wird als Fundament der Kirche mit einem Felsen verglichen. Der Felsen ist in seiner Unbeweglichkeit der Gegenpol zum Wasserfall. Im negativen Sinn kann der Fels auch Ausdruck von Verhärtungen sein.

Das Feuer

Das Feuer hat für viele Völker reinigende, heilige und erneuernde Bedeutung. Die Griechen sahen im Feuer den Ursprung allen Seins.

Feuer hat auch eine Bedeutung im Sinne der Neugeburt auf einer höheren Stufe. Im alten Testament ist das Feuer ein Symbol für Gott und sein Tun. Das Feuer ist auch ein Symbol psychischer Energie. Das Feuer kann auch im Zusammenhang mit Krieg, dem Teuflischen und der Hölle stehen. Ein Brand symbolisiert immer eine Gefahr. Hier wollen negative Energien außer Kontrolle geraten.

Der Fisch

Bei vielen Völkern ist der Fisch ein Symbol der Fruchtbarkeit und des Todes. Im Altertum galt der Fisch noch bei dem griechischen Philosophen Aristoteles als eingeschlechtlich. Im alten Ägypten war der Fisch ein Symbol der geistigen Macht. Bei den Römern und in Nordafrika gelten Fische als glückbringend. Der Fisch ist eines der ältesten Symbole für Christus. Der Fisch kann auch Symbol der geistigen Nahrung sein. Für C.G. Jung ist der Fisch ein Symbol des Selbst.

Die Flamme

Die Flamme entspricht weitgehend der symbolischen Bedeutung des Feuers. Die Flamme ist gleichsam eine komprimierte Form des Feuers.

Das Flugzeug

Das Flugzeug ist das schnellste Verkehrsmittel. Das Flugzeug kann großen Freiheitsdrang oder die Übermittlung weitreichender Gedanken symbolisieren. Das Fliegen im Flugzeug oder das Schweben des Menschen in der Luft bringt zum Ausdruck, daß er im wachen Alltagsleben über die Lebensrealität hinauslebt. Das Symbol ruft den Menschen auf, auf dem Boden der Tatsachen zu bleiben.

Der Fluß

Da die Flüsse die große Bedeutung haben, das Land fruchtbar zu machen, wurden sie bei den Griechen und Römern als Gottheiten verehrt. Wegen des Fließens ist der Fluß auch ein Symbol für Zeit und Vergänglichkeit. Das Strömen eines Flusses ins Meer gilt als Symbol für die Vereinigung von Individualität und Universalität. In der Imagination symbolisiert der Fluß den Strom psychischer Energie. Die Fahrt in einem Boot oder auf einem Schiff symbolisiert die Lebensreise. Das Wasser ist auch ein Symbol des Unbewußten. Treten Bäche oder Flüsse über die Ufer, so signalisiert das Hindernisse, die ihren Ursprung im Unbewußten haben. Ist das Ufer morastig und schwer zugänglich, so läßt dies auf einen im Unbewußten liegenden Komplex schließen. Ist das Ufer betoniert, so kann das ein Ausdruck für die Einengung der Persönlichkeit des Imaginierenden sein.

Die Frau, unbekannte

Die Person einer unbekannten Frau ist ein Symbol für die unbewußte weibliche Seite der oder des Imaginierenden. C.G. Jung hat für diesen unbewußten Bereich der weiblichen Psyche den Begriff Schatten gebraucht.

Treten unbekannte Frauen in der Imagination von Männern auf, so symbolisieren sie die in jedem

Manne existierende weibliche Komponente. C.G. Jung nennt diese Seite der Persönlichkeit des Mannes die Anima. Die Figur der Anima symbolisiert seine weiblichen Eigenschaften, seine Stimmungen, seine Gefühle und seine Ahnungen. Die Entwicklung des Anima-Bildes des Mannes wird durch die Mutter beeinflußt. Schwierigkeiten in der Partnerschaft entstehen oft dadurch, daß der Mann sein Anima-Bild auf die Partnerin projiziert und die Frau nicht diesem Bild entspricht.

Der Frosch

Im alten Ägypten war der Frosch wegen seiner Fruchtbarkeit ein religiöses heilbringendes Symbol. Da man vermutete, der Frosch würde im Frühjahr aus dem Nilschlamm geboren, war der Frosch auch ein Auferstehungssymbol.

Im Märchen »Der Froschkönig« verwandelt sich der Frosch in einen schönen Prinzen. Allerdings erst, nachdem die Prinzessin den Frosch mit Nahrung versorgt und in ihr Bett genommen hat. Da der Frosch sowohl auf dem Lande als auch im Wasser lebt, steht er auf einer Übergangsstufe. Er ist deshalb ein inneres Wandlungssymbol. Das Gleichnis im Märchen bringt zum Ausdruck, daß die Geschlechtlichkeit nur durch menschliche Gefühle zu einer tragbaren Beziehung wird.

Der Fuchs

In Europa ist der Fuchs ein Symbol der Schlauheit und der Hinterlist. In der japanischen und der chinesischen Mythologie hat der Fuchs gute und böse Bedeutung und kann sich in menschliche Gestalt verwandeln.

Der Fuß

Der Fuß symbolisiert das Gehen des Lebens des Träumers. Freud sah im Fuß ein Phallussymbol.

G

Die Gans

Die Gans ist ein Symbol der Treue und der Wachsamkeit.

Der Garten

Der Garten ist ein Symbol des irdischen und des himmlischen Paradieses. Der Garten ist auch ein Symbol der kosmischen Ordnung. Der Garten ist ebenso ein Symbol für die eheliche Beziehung. Ist der Garten ummauert, dann symbolisiert er Schwierigkeiten, die überwunden werden müssen, bevor eine höhere Entwicklungsstufe erreicht werden kann.

Das Gefäß

Die Aufgabe des Gefäßes besteht darin, gefüllt zu werden. Der irdene Topf kann ein Symbol sein für die aus Erde geschaffene Kreatur, für den Leib.

Der Geier

In mehreren indianischen Kulturen wird der Geier mit der Kraft des Feuers und der Sonne in Zusammenhang gebracht. Bei den Maya war er ein Todessymbol. In Ägypten war der Geier der Beschützer der Pharaonen. Der Geier in der Imagination deutet auf Autismus hin (mangelnde Kontaktfähigkeit, Selbstversponnenheit und übertriebene Egozentrik). Als Aasgeier hat er die Bedeutung des Ausbeuters.

Das Glas

Glas hat materiellen Charakter und ist durchsichtig. So ist das Glas ein Symbol des realen, aber nicht greifbaren Charakters der Wirklichkeit. Glas ist – wie ein klarer Kristall im Buddhismus – ein Symbol für die leere, klare und unbehinderte Natur des Geistes. Der Volksmund kennt aber auch das Sprichwort: »Glück und Glas, wie leicht bricht das.« So kann das Glas in einer Imagination auch auf die Zerbrechlichkeit einer Beziehung hindeuten. Ein Glasfenster bringt etwas Positives zum Ausdruck. Es bringt die Entstehung eines neuen Bewußtseinszustandes zum Ausdruck und eine positive Veränderung der Situation.

Der Gletscher

Der Gletscher symbolisiert Gefühlskälte. Eine Eisdecke über dem Boden kann auf eine geistige Erstarrung hinweisen. Entscheidend ist das Ende der Imagination. So ist die Überwindung des Gletschers ein sehr positives Zeichen.

Das Glücksrad

Das Glücksrad, wie es zum Beispiel die 10. Tarotkarte darstellt, symbolisiert den ständigen Wechsel, das flüchtige Glück. An das Glücksrad klammern sich Menschen oder allegorische Figuren.

Das Gold

Gold ist das edelste der Metalle, sehr selten, rostfrei, säurebeständig und wegen seines Glanzes Sinnbild der Ewigkeit und der Vollkommenheit. Das Gold wurde der Sonne zugeordnet. Das Gold ist ein Symbol für die Liebe. Die Goldsuche der mittelalterlichen Alchimisten war eine Suche nach dem philosophischen Gold. Die Alchimisten suchten die Seele in der Materie. So war die Goldsuche der Alchimisten ein Streben nach der Befreiung der Seele und des Geistes von der Materie. Das Gold kann aber auch noch eine andere Bedeutung haben. Es kann ein Symbol für irdische und vergängliche Güter sein, die den Menschen von den wahren Seinswerten ablenken. In der Imagination weist das Gold auf neue Erkenntnisse und Bewußtseinsveränderung hin.

Das Grab

Das Grab ist ein Symbol des Todes und der Wiedergeburt.

Die Grenze

Bilder von Grenzen und Zollstationen sind Symbole für innere Begrenzungen und Hindernisse. Tritt in einer Imagination eine Grenzüberschreitung auf, so signalisiert das Unbewußte, daß sich eine neue Situation entwickelt.

Der Gürtel

Der Gürtel des Mannes ist ein Symbol der Kraft. Die Lende wurde in alten Zeiten als Sitz der Lebenskraft angesehen. Potenz und Lebenskraft waren in Urzeiten identisch.

H

Das Haar

Wegen seines Wachstums galt das Haar als Träger der Lebenskraft. Je ausgeprägter die Körperbehaarung eines Menschen ist, desto stärker wird die Triebhaftigkeit in der Imagination zum Ausdruck gebracht. Das weiße Haar des alten Mannes und der alten Frau wird als ein Zeichen der Weisheit angesehen.

Der Hahn

Da der Hahn die Sonne ankündet und einen feuerroten Kamm hat, galt er zum Beispiel bei den Syrern und Ägyptern als Sonnen- und Feuersymbol. Wegen seines starken Fortpflanzungstriebes wurde der Hahn auch zum Symbol der Fruchtbarkeit. Wegen seines Hangs zum

Streit – der Volksmund spricht vom Streithahn – wurde der Hahn auch zum Symbol des Kampfes und des Mutes. Der Hahn auf dem Kirchturm sieht als erster die Sonnenstrahlen. So wird der Hahn zum Symbol des Sieges des Lichtes (Christi) über die Finsternis. In Europa gilt der Hahn heute als Symbol des Stolzes und eines übertriebenen männlichen Verhaltens.

Die Hand

Die Hand dient zum Handeln. Daher ist die Hand ein Symbol der Handlungsfähigkeit.

Der Hase

Da sich der Hase rasch vermehrt, ist er ein Symbol der Fruchtbarkeit. Im Mittelalter galt der Hase als Gottessymbol. Wegen seiner Furchtsamkeit ist er auch manchmal das Symbol der Angst und der Feigheit.

Das Haus

Das Haus als abgeschlossener Bezirk ist Symbol des Kosmos. Das Haus ist ein Symbol der Geborgenheit. In mittelalterlichen Bildern wird die

Seele des Menschen als Haus abgebildet. Diese Bedeutung hat das Haus auch in der Imagination. Die Räume des Hauses haben eine ganz bestimmte Bedeutung. Der Keller ist der Bereich des Unbewußten. Die Küche ist der Bereich des Mütterlich-Weiblichen und symbolisiert psychische Wandlungen. Die Wohn- und Arbeitsräume beziehen sich auf Alltagssituationen. Das Schlafzimmer ist der Raum des ehelichen Sexualbereichs. Der Dachboden ist der Raum für verdrängte oder vergessene Erlebnisse. Das Dach symbolisiert die Schädeldecke des Gehirns.

Der Herd

Der Herd ist Mittelpunkt des Hauses und Asyl für Schutzsuchende. Der Herd ist ein Symbol der menschlichen Gemeinschaft und der Geborgenheit. Da auf dem Herd die Nahrung zubereitet wird, ist der Herd auch ein Symbol der Mütterlichkeit. Da die Nahrungszubereitung auch ein Wandlungsprozeß ist, hat der Herd in der Imagination die Bedeutung eines Wandlungssymbols.

Das Herz

Das Herz wird als Sitz der Seele und des Bewußtseins angesehen. Während bei der Einbalsamierung im alten Ägypten alle inneren Organe entfernt wurden, blieb das Herz im Körper. Das Herz ist symbolisch die Mitte des Menschen. Im Juden- und im Christentum gilt das Herz als Sitz der gemüthaften Kräfte, besonders der Liebe. Der Islam sieht das Herz als Ort der Spiritualität und der Kontemplation. Im Mittelalter ist das Herz-Jesu-Bild entstanden. In der mittelalterlichen Alchimie war das Herz ein Abbild der Sonne im Menschen.

Das Hexagramm

Das Hexagramm ist ein sechseckiger Stern, der aus zwei übereinanderliegenden Dreiecken gebildet wird; siehe S. 87. Das Hexagramm ist auch ein Symbol für die Durchdringung der sichtbaren und der unsichtbaren Welt. In der Alchimie ist es ein Symbol der Vereinigung der Gegensätze. Es setzt sich zusammen aus dem Zeichen für die Elemente Feuer △, Luft 🜁, Wasser ▽ und Erde 🜃. Als Davidstern ist das Hexagramm das Wahrzeichen des Staates Israel. Nach C.G. Jung sind im Hexagramm die Bereiche des Persönlichen und des Unpersönlichen, des Männlichen und des Weiblichen vereinigt.

Die Hexe

Der Begriff »Hexe« stammt aus dem Mittelalter. Damit wurden Frauen mit magischen Kräften bezeichnet.

In der Imagination symbolisiert die Hexe das negative Muttersymbol und das Zerstörerische des Weiblichen. Außerdem symbolisiert die Hexe sexuelle Hörigkeit.

Der Himmel

Der Himmel spielt in nahezu allen Mythologien der Völker eine Rolle als Ort der Götter. Frühe Kulturen hatten die Vorstellung, Himmel und Erde seien anfänglich vereinigt gewesen und die Schöpfung der Welt habe mit der Trennung von Himmel und Erde begonnen. Die Gegenüberstellung von Himmel und Erde entspricht der Gegenüberstellung von Oben und Unten. Der Himmel wurde als männlich und aktiv und die Erde als weiblich und passiv angesehen. Vom Himmel kommt der lebenspendende Regen. Am Himmel sind gewaltige Naturerscheinungen wie Blitz, Donner, Regenbogen, Kometen und Meteoriten zu beobachten. Nach alten Vorstellungen gibt es verschiedene Himmelssphären, die unterschiedlichen geistigen Wesenseinheiten entsprechen. In der Imagination bedeutet der Himmel den Aufstieg nach oben, das Reich des Geistes und das schöpferische Prinzip.

Das Hinken

Das Hinken symbolisiert eine psychische Behinderung. Im Märchen hat der Teufel einen Hinkefuß. Er wird mit einem Klumpfuß dargestellt. Alfred Adler wies darauf hin, daß die Psyche körperliche Behinderungen mit großen geistigen Leistungen auszugleichen versucht.

Der Hirsch

Schon steinzeitliche Höhlen zeigen Abbildungen des Hirsches. Jedes Jahr wirft der Hirsch das Geweih ab, das wieder nachwächst. Deshalb galt der Hirsch als Symbol der Fruchtbarkeit und des geistigen Wachstums. Denn für das geistige Wachstum sind Sterbe- und Werdeprozesse notwendig. Im Buddhismus war der goldene Hirsch ein Symbol der Weisheit. Im Christentum wurde der Hirsch auch zum Symbol Christi. Wegen seiner Brunstkämpfe um das Weibchen hat der Hirsch im Volksglauben auch die Bedeutung von sexueller Potenz und Leidenschaft. Da der Hirsch die Einsamkeit liebt, ist er auch ein Symbol für Melancholie.

Der Hirte Der Hirte hat bei allen Nomaden auch religiösen Symbolcharakter. Er ist Symbol einer Vaterfigur. Jesus wird als der gute Hirte angesehen.

Die Hochzeit Die Hochzeit ist ein Symbol für Vereinigung. In der Hochzeit vereinigen sich die beiden Pole Mann und Frau. Die Hochzeit dient auch als Symbol der Vereinigung des Göttlichen mit dem Irdischen. In der Imagination taucht die Hochzeit bei Ehe- oder Partnerschaftskonflikten auf. Wird dabei auch ein Opferritual erlebt, so ist das ein Hinweis, daß die Beziehung harmonisch wird.

Die Höhle Früher wurden Höhlen als Aufenthaltsorte von Göttern und Geistern angesehen. Die Bedeutung des Symbols weist als mütterlicher Schoß auf die Geburt hin. Als dunkler Raum ist die Höhle ein Symbol des Todes. Die Höhlen spielten eine wichtige Rolle bei den Einweihungsriten. Für Plato ist die Höhle ein Gleichnis für die menschliche Situation. Denn der Mensch muß aus der Höhle heraus und in das Licht der Erkenntnis gelangen.

Der Hund

Der Hund ist eines der ältesten Haustiere des Menschen. In vielen alten Kulturen bewacht der Hund das Totenreich. Die symbolische Bedeutung des Hundes reicht im Ethischen von Gut bis Böse. Der Hund ist ein Symbol der Treue und der Hilfe. Er bewacht den Besitz und beschützt Frauen und Kinder. Er kann aber auch Symbol für Aggressionen sein. Im Mittelalter war der Hund Symbol des Zorns, Neides und der Versuchung durch das Böse.

Der Hut

Der Hut symbolisiert manchmal den Kopf und die Gedanken. In der Imagination kann das Wechseln eines Hutes das Wechseln der Ansicht bedeuten.

I

Der Igel

In China und Japan ist der Igel ein Sinnbild des Reichtums. Im Mittelalter war er ein Symbol für Geiz und wegen seiner sich schnell aufrichtenden Stacheln ein Symbol des Zorns. Der Igel hat aber auch positive Bedeutung, da er Schlangen jagt. So wird er zum Symbol für das Bekämpfen des Bösen.

Die Initiation

Bei vielen Völkern werden rituelle Bräuche vollzogen, wenn der Jugendliche zur Geschlechtsreife heranwächst. In der Abgeschiedenheit erfolgt symbolisch das Lösen von der alten Rolle. Dann erfolgt die Wiederkehr in die Gemeinschaft.

Die Insel

Die Insel ist ein Ort, der schwer zugänglich ist. Als Symbol hat sie die Bedeutung eines sorgenfreien Ortes. Im Negativen ist die Insel ein Symbol für Weltflucht.

J

Die Jungfrau

Die Jungfrau ist ein Symbol für Unberührtheit und Reinheit. Erscheint die Jungfrau in der Imagination eines Mannes, so will der Mann seine eigene Weiblichkeit nicht annehmen. Sieht sich eine Frau als Jungfrau, dann lehnt sie in der Realität des Lebens den Mann ab.

K

Der Käfer

Den alten Ägyptern war der Skarabäus heilig. Dieser Käfer dreht aus dem Dung Kapseln, in die er seine Eier legt. Von dem Dung ernähren sich die Larven. Tauchen Käfer in der Imagination auf, so signalisiert das eine Gefahr. Ein Gespräch mit einem Psychotherapeuten wird notwendig.

Das Kamel

In Nordafrika ist das Kamel ein Symbol des Eigensinns, der Nüchternheit und der Mäßigung. Im Christentum ist das Kamel ein Symbol des Gehorsams und der Demut.

Die Kanone

Die Kanone dient dazu, eine feindliche Befestigung zu zerstören bzw. eine Befestigung zu stürmen. Diese Bedeutung hat sie auch in der Imagination. Die Kanone kann aber auch ein sexuelles Symbol sein.

Die Katze

In Ägypten wurde die Katze als heiliges Tier verehrt. In Japan gilt der Anblick einer Katze als schlechtes Zeichen. In der Imagination macht die Katze Aussagen über die gefühlsmäßige Seite des Menschen. Da die Katze nicht so dem Menschen ergeben ist wie der Hund und seine Nähe nur aus freiem Willen sucht, deutet sie in der Imagination auf Individualität hin. Sie kann aber auch Egozentrik und Kontaktschwierigkeiten mit dem anderen Geschlecht zum Ausdruck bringen.

Der Keller Zum Keller siehe Haus.

Die Kerze Die Kerze ist ein Lichtsymbol. Der brennende Docht bringt das Wachs zum Schmelzen. So nimmt das Wachs teil am Feuer. Daher ist die Kerze auch ein Symbol für das Verhältnis von Geist zu Materie.

Die Kette Die Kette ist ein Symbol für Verbindung. In der Imagination kann die Kette Verbindung, aber auch Fessel symbolisieren.

Das Kind Das Kind ist nicht nur ein Symbol der Unbefangenheit, sondern auch ein Sinnbild neuer Möglichkeiten. In allen Religionen spielt das göttliche Kind eine Rolle. Taucht ein Kind in der Imagination auf, so ist das sehr positiv zu werten. Das Befinden des Kindes und der Fortgang der Imagination sind aber zu beachten. Ist das Kind krank, dann deutet das auf seelische Störungen hin. Will das Kind sterben, dann will etwas Seelisches im Imaginierenden sterben.

Solche Bedeutungen sind aber selten. Meist taucht das Kind in einer sehr positiven Bedeutung auf.

Die Kirche

Die Kirche ist Symbol für das himmlische Jerusalem. Taucht eine Kirche in der Imagination auf, so wird der Mensch aufgefordert, über den Sinn des Lebens nachzudenken.

Die Kirsche

In Japan ist die Kirsche ein Symbol der Selbstfindung. Der Volksmund sieht die Kirsche als Symbol für den weiblichen Mund und das Küssen. In der Imagination weist daher die Kirsche auf den Gefühlsbereich hin.

Das Kleid

Die Kleider gehören zum Bild des Menschen. Früher glaubte man, sich durch Anlegen neuer Kleider verwandeln zu können. Nach C.G. Jung sind Kleider Symbole der Personen. Er versteht darunter die Persönlichkeit des Menschen, die dieser unbewußt seiner Umwelt gegenüber präsentiert. In der Imagination zeigen Kleider, wie sich der

Mensch der Umwelt gegenüber zeigt und wie diese ihn sieht.

Der Knoten

Der Knoten ist ein Symbol für Verknüpfung und Verbindung. Der Knoten ist aber auch ein Symbol für ein Hindernis und für eine Verwicklung. Im Islam ist der Knoten ein Sinnbild des Schutzes. Der Sage nach löste Alexander den Gordischen Knoten, indem er ihn einfach mit dem Schwert durchschlug.

Der König

In den alten Zeiten war der ideale König immer der, der nicht parteiisch war und zum Wohle des Ganzen handelte. Der König vermittelte dem Menschen die Sicherheit, die sich der einzelne nicht geben konnte. C.G. Jung sieht im König in der Imagination eine archetypische Vaterfigur, die sich helfend äußert. Der König stellt auch symbolisch die oberste Instanz dar. Hat der König bedrohliche Züge, dann beschäftigt sich der Imaginierende noch mit der Vaterproblematik. In der Imagination des Mannes kann der König auch für den Kern, für das wahre Selbst stehen.

Der Korb

Der Korb ist ein Sinnbild des mütterlichen Schoßes und damit ein Symbol des Weiblichen.

Der Kreis

Alle Punkte auf dem Kreis haben vom Mittelpunkt dieselbe Entfernung. Daher ist der Kreis ein Symbol des In-sich-Geschlossenen, des Vollkommenen und der Ewigkeit. So ist der Kreis ein Ganzheitssymbol. Seit Urzeiten wird dem Kreis eine magische Bedeutung beigemessen. Er diente als magischer Kreis, als Abwehrzauber. In der Imagination signalisiert das Unbewußte mit dem Kreis eine Konzentration psychischer Energie.

Das Kreuz

Das Kreuz ist eines der ältesten Symbole. Es ist Sinnbild der Einheit, zum Beispiel von Himmel und Erde. Das Kreuz ist durch die Zahl 4 gekennzeichnet, es hat vier äußere

Punkte. Ursprünglich war das Kreuz ein Ordnungssymbol. So unterteilt es den Erdkreis in die vier Himmelsrichtungen. In der Imagination erscheint das Kreuz als Ordnungssymbol. Psychische Ordnung bedarf auch der Anstrengung und des Opfers. Die Bedeutung des Opfers ergibt sich auch aus der symbolischen Bedeutung des Kreuzes im Christentum.

Der Kristall Der Kristall ist ein Symbol für Reinheit und für Klarheit. Als durchsichtiger Körper ist er auch ein Symbol für die Vereinigung der Gegensätze und für den Geist.

Das Krokodil Siehe Drachen.

Der Krug Siehe Gefäß.

Die Kugel Die Kugel ist wie der Kreis ein Ganzheitssymbol. Die Kugel ist ein Sinnbild der Erdkugel, des Sternenhimmels und des gesamten Kosmos. Da alle Punkte vom Mittelpunkt die gleiche Entfernung haben, ist die Kugel das archetypische Symbol der Vollständigkeit und der Ganzheit. In der Imagination bringt die Kugel eine psychische Entwicklung auf ein Zentrum hin zum Ausdruck. Die Kugel symbolisiert die Vereinigung der Gegensätze zu einer Ganzheit.

Die Kuh

Da die Kuh die lebenswichtige Milch gibt, ist sie Symbol des Mütterlichen und Nährenden. In der Imagination erscheint die Kuh als Sinnbild der umsorgenden Weiblichkeit. In der Imagination von Männern weist sie auf starke Mutterbindung hin.

Der Kuß

Der Kuß ist eine Berührung mit den Lippen. Im Vordergrund steht hierbei die Kraftübertragung durch den Atem, der lebenspendend wirkt. Der Kuß ist nicht nur Symbol der Hingabe, sondern auch Sinnbild der Verehrung. Noch heute werden religiöse Figuren geküßt. In der Imagination bedeutet er Versöhnung mit einem anderen Menschen.

L

Das Labyrinth

Ursprünglich wurde mit Labyrinth der Palast des Königs Minos auf Kreta bezeichnet. Später wurde die Bezeichnung auf alle Irrgärten übertragen. Das Labyrinth symbolisiert den Leib der Erde. Das Eindringen in das Labyrinth bringt den Rückzug in den Mutterleib zum Ausdruck. Das Labyrinth ist auch Sinnbild der Prüfungen im menschlichen Leben. In der Imagination symbolisiert das Labyrinth eine Gefahrensituation.

Das Lamm

Das Lamm ist wegen seiner Einfalt und Duldsamkeit ein Symbol der Unschuld und Reinheit. In der christlichen Symbolik ist das Lamm das Lamm Gottes, nämlich Christus, das die Sünden tilgt.

Die Lampe (Laterne)

In den Märchen und Mythen hat die Lampe die Bedeutung des Bewußtseinslichtes. In der Antike wurde die Lampe als Symbol des Lebens an

Grabsäulen aufgehängt. In der Imagination bedeutet die Lampe, daß dem Menschen ein Licht aufgehen muß.

Die Lanze

Die Lanze und der Speer sind als Waffen Machtsymbole. Die Lanze wird auch in Beziehung gesetzt zu Sonnenstrahl und Phallus. Werden in der Imagination Tiere von einer Lanze durchbohrt, so wird damit die Notwendigkeit signalisiert, eine Untugend zu überwinden.

Der Lehrer

Der Lehrer ist Symbol für eine Respektsperson mit Wissen. In der Imagination kann der Lehrer wichtige Hinweise geben. Der Lehrer kann auch zum Ausdruck bringen, daß die Schule des Lebens weitergeht.

Die Leiche

Während Tote und Begräbnisse seelische Veränderungen symbolisieren und sehr oft positive Bedeutung haben, stellt die Leiche in der Imagination ein Gefahrensignal dar. Es handelt sich hierbei um eine abgestorbene seelische Beziehung oder um etwas Unverarbeitetes, das im Unterbewußtsein verborgen ist. Der Imaginierende muß sich von dem abgestoßenen psychischen Inhalt befreien, was durch Bewußtwerdung möglich ist.

Die Leiter

Schon die altmesopotamischen Stufenpyramiden wurden als Stiege zum Himmel betrachtet. Die Leiter ist eine Verbindung zum Himmel und ein Symbol des Aufstiegs. In der Bibel ist die Himmelsleiter ein Symbol der Beziehungen zu Gott. In der Imagination symbolisiert die Leiter eine Übergangssituation und eine psychische Wandlung.

Der Leuchtturm

Der Leuchtturm ist ein turmartiger Bau, in dessen oberem Teil bei Nacht ein Feuer unterhalten wird. Das Licht des Feuers ist für die Schiffe eine Orientierungshilfe. In der Imagination symbolisiert der Leuchtturm die Hilfe, die das Lebensschiff des Imaginierenden auf der Fahrt durch die Stürme des Lebens erhält.

Das Licht

Ohne Licht ist eine Wahrnehmung nicht möglich. Nur das Licht zeigt die Schönheit der Welt. Das Licht ist ein Symbol für das Immaterielle, den Geist und für Gott. Das Licht ist zwar jedem bekannt, doch in seinem tiefsten Wesen ist es immer noch ein großes Geheimnis. In der Imagination bedeutet das Licht Erkenntnis und Erleuchtung.

Der Lingam

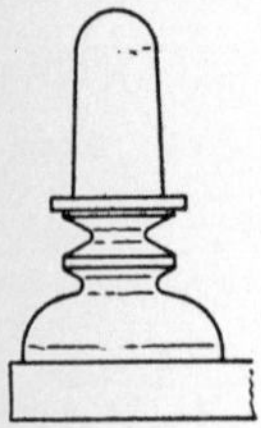

Der Lingam ist eine in Indien oft zu findende Phallusdarstellung. Der Lingam ist ein Symbol des Gottes Shiva. Der Lingam symbolisiert die göttliche Schöpferkraft.

Der Löwe

Der Löwe gilt als der König der Tiere auf der Erde. Eigenschaften des Löwen sind Mut und Wildheit. Ja sogar Weisheit wird ihm zugeschrieben.

Als Sinnbild der Macht ist der Löwe oft als Darstellung auf Herrscherthronen zu finden. Man glaubte, daß das Wesen des Löwen dem Feuer verwandt sei. Der Löwe ist ein Sinnbild für physische Kraft, aber auch für geistige Kraft und Kreativität. Im Negativen ist der Löwe ein Symbol der Aggression und der Unbeherrschtheit. In der Imagination kann der Löwe auf verborgene Affekte hinweisen, auch auf die Unfähigkeit, sich durchzusetzen. Er kann in der Imagination aber auch als Symbol geistiger Kraft erscheinen.

Der Lotus

Der Lotus ist eine asiatische und ägyptische Art der Seerose. Er spielt als Symbol in Indien, Ägypten und Ostasien eine Rolle. Der Lotus schließt am Abend seine Blüte und öffnet sie erst wieder bei Sonnenaufgang. Daher ist der Lotus ein Lichtsymbol. Da die Blüte aus schlammigem Wasser aufragt, ist die Lotusblüte ein Symbol der Reinheit, das die Unreinheit besiegt.

Der Lotus, Riechen an einer Lotusblüte, Ausschnitt nach einer Wandmalerei am Grab des Nachtbei Theben, 18. Dyn., um 1400 v. Chr.

M

Das Mahl

In der Imagination symbolisiert das Mahl die Zufuhr seelischer Energie. Ein gemeinsames Mahl mit anderen symbolisiert Kommunikation mit anderen. Bei Menschen in der zweiten Lebenshälfte ist für die Deutung die Abendmahlssymbolik mit ihrem religiösen Aspekt zu beachten.

Das Mandala

Das Wort Mandala bedeutet im Altindischen »Kreis«. Das Mandala ist ein Bild, das aus Kreisen, Dreiecken und religiösen Bildern besteht. Das Mandala dient dazu, bei der Betrachtung eine Veränderung des Bewußtseins zu bewirken. C.G. Jung fand Mandalas auch in der Traumsymbolik des modernen Menschen. Jung deutete die Mandalas als Individuationssymbole. In Meditationsseminaren beschreiben mir Seminarteilnehmer oft Erfahrungen, die sie mit Mandalas gemacht haben.

Der Mantel

Der Mantel ist ein Symbol des Schutzes. Der Mantel Mariens, der Schutzmadonna, ist in der christlichen Kunst sehr bekannt.

Die Maske

Die Maske dient bei den Kulturvölkern dazu, die übernatürlichen Mächte darzustellen. Die Maske erleichtert es dem Träger, über sein

Normalbewußtsein hinauszuwachsen. Die Maske in der Imagination bedeutet, daß sich der Mensch mit einer übermenschlichen Kraft identifiziert. In der Imagination bringt die Maske das Fließen von unterdrückten und aufgestauten Aggressionen zum Ausdruck. Die Maske bringt auch Vorstellungen von Größenwahn zum Ausdruck. Meist hat die Maske eine negative Bedeutung.

Das Meer

Das Meer ist ein Symbol für das Unbewußte. Das Meer verbindet alle Erdteile miteinander. Nach C.G. Jung ist das Meer in der Imagination als Symbol des kollektiven Unbewußten anzusehen. Spielt in der Imagination eine Szene am Meer, so wird damit ein Geschehen zum Ausdruck gebracht, das sich an der Grenze zwischen persönlichem und kollektivem Bewußtsein des Imaginierenden abspielt.

Das Messer

Das Messer ist ein scharf schneidendes Instrument. Das Messer ist aber auch ein Instrument, mit dem zerlegt wird. In der Imagination kann das Messer die Bedeutung der Analyse einer Situation haben. Ein Mann mit einem Messer symbolisiert eine unbewußte Seite der Persönlichkeit mit starker aggressiver Energie.

Die Milch

Die Milch ernährt den Säugling. Die Milch ist ein Symbol für seelisch-geistige Nahrung. Die Milch ist ein Symbol für den nährenden Aspekt des Weiblichen.

Die Mimose

Die Mimose ist ein Strauch oder Baum mit doppelt gefiederten Blättern. Die Blätter der Mimose »Rührmichnichtan« falten sich bei der kleinsten Berührung zusammen. Daher ist die Mimose ein Symbol der Empfindsamkeit; im negativen Sinn ein Symbol der Empfindlichkeit.

Der Mond

Der Mond hat kein eigenes Licht, sondern reflektiert nur das Licht der Sonne. Außerdem wechselt er in den verschiedenen Phasen seine Gestalt. So wurde er zum Symbol der Abhängigkeit und des weiblichen Prinzips. Sehr früh entdeckten die Menschen den Einfluß des Mondes auf Ebbe und Flut. Die verschiedenen Phasen des Mondes stehen mit den verschiedenen Lebensrhythmen auf der Erde in Verbindung. In der Imagination hat der Mond weibliche Bedeutung.

Die Morgenröte

Die Morgenröte ist ein Symbol der Hoffnung, der Fülle der Möglichkeiten und des Neuanfangs.

Der Morgenstern

Der Planet Venus wird als Morgenstern bezeichnet. Er ist ein Symbol von Erneuerung und Wiederkehr.

Der Mund

Da der Mund mit dem Einhauchen der Seele in Verbindung gebracht wird, symbolisiert er die Kraft des Geistes und des Schöpfers. Als Maul von Ungeheuern ist er ein Symbol des Fressens und Vernichtens.

Die Muschel

Die Muschel ist ein weibliches Sexualsymbol. Die Fruchtbarkeitsbedeutung im Vergleich zur Auster ist bei der Muschel geringer.

Die Mutter

Die Mutter ist ein Symbol des Weiblichen. Erscheinen die Mutter oder mütterliche Frauen in der Imagination, so zeigt dies Verhaltensstrukturen, die durch die Mutter geprägt worden sind. Das Mutterbild programmiert das Verhalten des Menschen.

N

Der Nabel

Bei den Naturvölkern ist der Nabel Symbol der Verbindung von Kind und Mutter und von Mensch und Erde. In den Mythen einiger Völker ist er Symbol für das Zentrum der Welt. Der Polarstern wird oft als der Nabel des Himmels gedeutet, um den sich das Himmelsgewölbe zu drehen scheint. Die Nabelschnur bedeutet die Verbindung zur Mutter.

Die Nacht Das Dunkel der Nacht ist ein Symbol für das Dunkel des Unbewußten, aber auch des Todes.

Die Nacktheit Das Ablegen der Gewänder in den Einweihungsriten versinnbildlicht das Abstreifen des alten Menschen. In einigen alten Kulturen zeigte sich der Mensch gegenüber den Göttern nackt. Die Entblößung bringt ein Sichausliefern an die Götter zum Ausdruck und soll sie wohlgesonnen stimmen. Wenn sich der Imaginierende nackt sieht, dann hat das fast nie erotische Bedeutung. Die Nacktheit symbolisiert seelische Entblößung und wird im allgemeinen als unangenehm empfunden.

Der Neger Für den europäischen Menschen symbolisiert der Neger eine naturverbundene Bewußtseinsstufe mit viel Vitalität. Der rhythmische und erotisierende Tanz und die Bedeutung Afrikas als Land der animalischen Eigenschaften haben dem Neger diese Bedeutung gegeben. Daher bedeutet der Neger in der Imagination die triebhafte und unbewußte Seite des Menschen.

Das Nest

Das Nest ist ein Symbol der Geborgenheit und der Ruhe.

Die Nixe

Die Nixe ist in den Sagen der Völker eine Frau mit einem Fischunterleib. Sie symbolisiert die weibliche Sexualität auf einer kühlen Ebene. Taucht das Bild der Nixe in der Imagination auf, dann fehlt es an menschlicher Wärme. Daher kann die Nixe bei erwachsenen Frauen Frigidität symbolisieren.

Die Nonne

Die Aufgabe der Nonne ist wie die des Mönches die Versenkung und das geistige Training. Die drei Ideale der Nonne sind Armut, sexuelle Enthaltsamkeit und Gehorsam gegenüber der Oberin. Erscheint die

Nonne in der Imagination, so kann sie einen sehr wertvollen Inhalt zum Ausdruck bringen. Aber auch eine negative Bedeutung ist je nach dem Zusammenhang möglich.

Die Nuß

Die Bedeutung der Nuß in der christlichen Symbolik wird von Augustinus beschrieben. Die grüne Hülle ist ein Symbol des Fleisches, die harte Schale ein Symbol der Knochen und der Kern ein Symbol der Seele. Die Nuß ist ein Ganzheitssymbol.

O

Der Ofen

Der Ofen steht im Zusammenhang mit dem Feuer. Er ist ein Symbol einer verwandelnden Kraft. In der Bibel ist er ein Bild der Läuterung.

Die Operation

Mit dem Bild der Operation signalisiert das Unbewußte psychische Erkrankungen. Der Körperteil, der operiert wird, weist darauf hin, welcher seelische Bereich einer psychischen Behandlung bedarf. So signalisieren Herzoperationen Gefühlskonflikte. Die Operation an den Beinen weist auf eine Veränderung in der Lebenseinstellung hin.

Das Opfer

Das Opfer ist eine kultische Handlung. Es wird auf etwas verzichtet, um eine Verbindung mit Gott zu erhalten. In der Imagination hat das Opfer die gleiche Bedeutung. Hohe Werte können nur durch ein Opfer gewonnen werden. Mit einem Opfer kann auch die notwendige Trennung von falschen Lebenseinstellungen zum Ausdruck gebracht werden.

P

Das Pentagramm

Das Pentagramm ist der in einem Zug gezeichnete fünfzackige Stern. Es ist ein uraltes Zeichen. Bei den Pythagoräern war es ein Symbol für Gesundheit und für Erkenntnis. Im

war es ein Abwehrzeichen gegen dämonische Mächte.

Die Perle

Die Perle ist ein weibliches Symbol. Wegen ihrer kugelförmigen Gestalt und wegen ihres Glanzes gilt die Perle auch als ein Symbol der Vollkommenheit. Die Perle entsteht in der Auster, also in der Dunkelheit am Meeresgrund. So wird die Perle zum Symbol für das im Mutterleib heranwachsende Kind. Die Perle ist aber auch ein Symbol für das in der Finsternis erscheinende Licht. Die versteckte Perle entsteht in der Auster aus dem wertlosen Sandkorn. So wird die Perle auch zum Symbol der Fähigkeit des Menschen, Negatives in Positives zu verwandeln.

Der Pfarrer, Pastor

Der Pfarrer oder Pastor kümmert sich um die Seelen. Taucht der Pfarrer in der Imagination von Menschen in der zweiten Lebenshälfte auf, so wird damit die Notwendigkeit signalisiert, über den Sinn des Lebens nachzudenken.

Der Pfau

Der Pfau hat ein leuchtendes Rad. In Indien galt er als ein Sonnenvogel. Der Islam sieht im Pfau ein Symbol des Universums. Er ist ein Symbol der Unsterblichkeit und der Wiedergeburt. Heute ist er auch ein Symbol für Eitelkeit. Nach dem Mythos verbrennt der Pfau am Ende seines Lebens und wird dann aus der Asche wiedergeboren. Diese Bedeutung hat der Pfau auch in der Imagination.

Pfeil und Bogen

Pfeil und Bogen sind ein Symbol für Macht und für den Krieg. Der Pfeil ist ein Symbol für Schnelligkeit und Zielgerichtetheit. Der Pfeil symbolisiert eine Bewegung, die über die Grenzen hinauszielt. Manchmal ist der Pfeil auch ein Symbol der Sonne (Lichtstrahl). Amor (Liebe, Begierde) wird häufig mit Pfeil und Bogen und Köcher dargestellt. Im Hinduismus wird die Silbe OM als ein Pfeil dargestellt. Der Bogen ist ein Symbol für Spann- und Lebenskraft.

Das Pferd

Das Pferd ist ein Symbol für das Dahineilen von Sonne und Mond. Als Symbol der Majestät wird das strahlend weiße Pferd in der Apokalypse gebraucht, dessen Reiter Christus ist. In alten Sagen erscheint das Pferd als Seelenführer in das Reich des Todes. Das Pferd ist eines der ältesten Haustiere und das schnellste Tragtier des Menschen. In der Mythologie, in Märchen und Sagen ist das Pferd ein Symbol für Lebenskraft, männliche Vitalität und Potenz. Die Stute, das weibliche Pferd, wurde zum Muttersymbol. Das Pferd wärmte und schützte den Reiter, wenn er sich nachts an den Pferdeleib legte. Im christlichen Mittelalter war das schwarze Pferd ein Symbol finsterer Mächte. So war das schwarze Pferd das Reittier des Teufels.

Die Pflaume

In China und Japan ist der Pflaumenbaum ein Symbol des Lebens und der Erkenntnis. Im Orient ist der Pflaumenbaum ein Symbol des

Frühlings und der Reinheit. Nach dem Volksmund ist die Pflaume ein weibliches Sexualsymbol.

Der Phallus

Der Phallus gilt als Symbol der Fruchtbarkeit und kosmischer Kräfte.

Der Phönix

Der Phönix ist ein Fabelwesen aus dem Orient. Bei den Ägyptern war er dem Sonnengott Re zugehörig. Anfangs wurde er als Bachstelze, später als Reiher oder als goldener Falke mit Reiherkopf dargestellt. Der Phönix soll sich bei der Entstehung der Welt auf einem Urhügel niedergelassen haben. Der Phönix wurde mit dem täglichen Sonnenumlauf und dem jährlichen Anschwellen des Nils in Beziehung gebracht. Dieser Bezug zu immer wiederkehrender Erneuerung wurde von Griechen, Römern und der Kirche umgedeutet zum Symbol des Vogels, der sich zu bestimmten Zeiten verbrennt, um danach neu aus der Asche wieder aufzusteigen. Als

Symbol der Erneuerung ist er auch ein alchimistisches Symbol. Als Unsterblichkeitssymbol ist er auch ein Symbol für Christus, der den Tod durch die Auferstehung überwunden hat.

Der Punkt

Der Punkt ist in der Meditation ein Symbol für das Zentrum, die Mitte. Häufig wird der Punkt als Mittelpunkt eines Kreises dargestellt.

Q

Das Quadrat

Das Quadrat wird im Gegensatz zum Kreis gesehen. Das Quadrat ist Sinnbild der Erde, des Begrenzten, im Gegensatz zum Himmel, dem Unbegrenzten. Das Quadrat ist ein Symbol für die vier Himmelsrichtungen. Im Gegensatz zum Kreis kann das Quadrat auf ungelöste Konflikte hinweisen.

Die Quelle

Mit der Quelle sprudelt Wasser aus der Erde hervor. Bei einigen Völkern wurde die Quelle als weibliche Gottheit betrachtet. Die Quelle ist ein Symbol für die Zufuhr und Erwekkung seelischer Energien. Eine verstopfte Quelle kann ein Bild für blockierte Emotionen sein.

Die Quitte

Die Quitte und die Aprikose (Marille) haben als Symbol die gleiche sexuelle Bedeutung wie die Pflaume.

R

Der Rabe

Bei einigen Völkern wird der Rabe wegen seiner Klugheit als Götterbote angesehen. Wegen seiner schwarzen Farbe und wegen seines durchdringenden Schreis hat er auch die Bedeutung des Unglücksraben.

Das Rad

Das Rad ist ein Symbol der Bewegung und steht für Zyklus, Wiederbeginn, Erneuerung. In vielen Kulturen ist das Rad auch ein Symbol der Sonne. Das Rad ist das Hauptsymbol des Buddhismus. Es symbolisiert den ständigen Wandel. Im Buch Daniel wird von einer Vision flammender Räder um das Haupt Gottes berichtet. In einigen Fensterrosen mittelalterlicher Kathedralen ist das Rad Symbol der Einheit in der Vielheit. Besondere Formen des Rades sind das Glücksrad und das Mandala.

Die Ratte

In Asien ist die Ratte ein Glückssymbol. In Europa ist die Ratte ein negatives Symbol und weist auf gefährliche Situationen, auf Hexen und Dämonen hin.

Der Regen

Der Regen ist ein Symbol der Fruchtbarkeit. Durch den Regen wird die Erde fruchtbar. In der Imagination hat der Regen die Bedeutung geistiger Befruchtung im Sinne kreativer Ideen.

Der Regenbogen Der Regenbogen ist ein Symbol für die Verbindung von Himmel und Erde. Nach der Sintflut ließ Gott als Zeichen der Versöhnung einen Regenbogen am Himmel erscheinen. Da im Regenbogen alle Farben des Lichtspektrums enthalten sind, ist er ein Symbol für seelische Ganzheit. Der Regenbogen wurde auch zum Symbol Marias, die Versöhnung vermittelt.

Die Reise Die Reise ist ein Symbol des Lebensweges oder ein Symbol für das Suchen nach geistigen Werten. Das ägyptische und das tibetanische Totenbuch beschreiben Reisen, die zur Weiterentwicklung der Seele dienen. Die Reise ist auch ein Symbol für die Sehnsucht nach Veränderung. Ob in der Imagination die Reise mit der Eisenbahn, dem Schiff oder dem Auto erfolgt: Stets ist mit der Reise der Lebensweg gemeint.

Der Reiter Der Reiter ist ein Symbol für die Beherrschung wilder Kraft.

Der Ring Da der Ring kreisförmig ist, partizipiert er an der Bedeutung des Kreises. Der Ring ist ein Symbol der Ewigkeit und ein Sinnbild für Verbindung und Treue. Da der Kreis eine magische Kraft hat, wird dem Ring auch eine magische Kraft zugewiesen.

Die Rose Die Rose ist ein uraltes Symbol der Liebe. In der Imagination ist die Rose das Weibliche in seiner Gefühlsfunktion. Im Mittelalter wurde die Rose zum Symbol der Gottesmutter. Die mittelalterliche Alchimie sah die Rose als letzte Stufe des alchimistischen Wandlungsprozesses zur Erlangung des Lebenselixiers an. Die Rosenfenster mittelalterlicher Kirchen sind eng mit der Symbolik des Kreises und des Rades verbunden. Die Rosenfenster sind ein Symbol für seelische Ganzheit.

Der Rubin Der Rubin ist einer der kostbarsten Edelsteine. In der mittelalterlichen Alchimie hatte der Rubin wegen seiner roten Farbe die gleiche Bedeutung wie die Rose.

S

Das Salz Brot und Salz wurden dem Gast und der Braut überreicht. Das war das Symbol für ein glückliches Zusammenleben. Durch seine würzenden und konservierenden Eigenschaften wurde das Salz als wichtige Lebenskraft angesehen. Wegen seines transparenten Aussehens gilt das Salz auch als Symbol für moralische und spirituelle Kräfte.

Das Samenkorn Der Same ist ein Symbol für Lebenskraft. Das Samenkorn ist ein Symbol für die Fülle der noch zu entwickelnden Möglichkeiten. Daher ist das Samenkorn auch ein Symbol der Zukunft und der Hoffnung. Das Samenkorn ist ein Symbol für den Tod und die Auferstehung. So steht bei Johannes 12,24:

»Wenn das Samenkorn nicht in die Erde fällt und stirbt, bleibt es allein; wenn es aber stirbt, bringt es viel Frucht.« So steht das Samenkorn auch für Selbstaufgabe und Hingabe und für Selbstüberwindung und Selbstlosigkeit.

Der Saphir Der Saphir ist ein blauer Edelstein. Wegen seiner blauen Farbe, der Farbe des Himmels, gilt er als Symbol himmlischen Schutzes und als heilend.

Die Säule Die Säule ist ein Symbol für tragende Kraft.

Die Schale Die Schale ist häufig ein Symbol für Fülle.

Der Schatten Der Schatten ist der Gegensatz des Lichtes. Der Schatten ist das Abbild jeder körperlichen Erscheinung. In verschiedenen Vorstellungen über das Jenseits wurden die Toten als

Schatten versinnbildlicht. C.G. Jung meint mit dem Begriff »Schatten« die Gesamtheit der unbewußten Persönlichkeitsschichten, die durch den Individuationsprozeß stufenweise ins Licht des Bewußtseins gehoben werden.

Der Schatz

In den Mythen vieler Völker taucht ein Schatz auf, der von einem Ungeheuer bewacht wird. Die Psychoanalyse sieht den Schatz als Symbol für angestrebte Ziele an. In der Imagination weist der Schatz auf ungenutzte Möglichkeiten hin.

Die Scheibe

In Ägypten und in Indien ist die Scheibe ein Sonnensymbol. Die geflügelte Scheibe symbolisiert den Lauf der Sonne und in anderem Sinne den Aufschwung in höhere Sphären.

Geflügelte Sonnenscheibe nach einer Darstellung im Grab des Sohnes des alten ägyptischen Königs Ramses III.

Das Schiff Das Schiff ist bei allen Völkern ein Symbol für Reise, Überfahrt und im übertragenen Sinn für die Lebensreise.

Die Schildkröte Die Schildkröte ist wegen ihres langen Lebens ein Symbol für die Unsterblichkeit. Da sich die Schildkröte in ihr Gehäuse wie in eine andere Welt zurückziehen kann, ist sie in Indien ein Symbol der Konzentration und Meditation.

Das Schilfrohr Da das Schilfrohr im Winde hin und her wankt, ist es ein Symbol für Wankelmut und Schwäche.

Der Schirm Da der Schirm dem modernen Menschen als Schutz gegen Regen und Sonne dient, ist der Schirm ein Schutzsymbol. Da der Schirm früher ein Zeichen des Herrschers war, kann der Schirm in der Imagination auch ein männliches Herrschaftszeichen sein.

Die Schlange

Wegen ihres Körperbaus und ihrer Verhaltensweisen empfindet der Mensch die Schlange als unheimlich. Wegen der Liebe der Schlange zur Sonne wird sie auch mit dieser in Verbindung gebracht. Daher hat die Schlange einen Doppelaspekt. So ist sie ein Symbol des Instinkt- und des Trieblebens. Die Schlange ist aber auch ein Wandlungs- und ein Heilsymbol und steht für Wiedergeburt und für Auferstehung. Im Mittelalter wurde sie als Attribut des Teufels, aber auch für Maria und Christus verwandt. Das Gift der Schlange ist nicht nur tödlich, sondern kann auch für Medizinen verwendet werden. In der Imagination kann die Schlange als Sexualsymbol, aber auch als Wandlungs- und Erneuerungssymbol erscheinen.

Der Schleier

Der Schleier ist ein Symbol der Verhüllung eines Geheimnisses. Den Schleier lüften bedeutet Zugang zu den spirituellen Geheimnissen zu erhalten.

Das Schloß

Das Schloß ist ein archetypisches Muttersymbol. Das Schloß symbolisiert auch die Erfüllung aller guten Wünsche.

Schloß und Schlüssel

Schloß und Schlüssel haben in vielen Märchen eine sexuelle Bedeutung. Die Vereinigung von Mann und Frau wird analog gesehen. Das Schloß kann das Symbol der Verschlossenheit, aber auch das Symbol der weiblichen Genitalität sein. Der Schlüssel symbolisiert die männliche Kraft. Paßt in der Imagination der Schlüssel ins Schloß, so ist damit die Möglichkeit des Wandels gegeben.

Der Schmetterling

Das griechische Wort für Schmetterling ist Psyche. Das Wort bedeutet aber auch Seele. Der Schmetterling durchläuft Verwandlungen. Aus der Raupe wird die Puppe und daraus der Schmetterling. In der Symbolik des Christentums wurde die Puppe in Beziehung zu dem menschlichen Körper gesetzt. Der

Schmetterling symbolisiert dann die vom Körper befreite Seele. In späterer Zeit entwickelte sich die Bedeutung des Flatterhaften des Schmetterlings, das in Beziehung zum Liebesgott Eros steht.

Die Schmiede

Der Schmied vermag Metalle zu bearbeiten und in Schmuck oder Waffen zu verwandeln. So erscheint der Schmied als ein Zauberer, der mit den Kräften des Feuers in Verbindung steht. In der Imagination ist die Schmiede der Ort der Wandlung und Verwandlung.

Der Schmuck

Der Schmuck ist ein Symbol der Macht, des esoterischen Wissens, aber auch ein Symbol des materiellen Reichtums.

Die Schnecke

Als christliches Grabsymbol ist die Schnecke ein Symbol der Auferstehung, denn sie sprengt im Frühling den Deckel ihres Gehäuses.

Der Schnee

Der Schnee war wegen seiner Farbe, Reinheit und Kälte ein Symbol der Unberührtheit und Keuschheit.

Der Schuh

Der Schuh ist ein Symbol der Person. Der klobige Soldatenschuh bringt Grobheit und Grausamkeit zum Ausdruck. Der Reitstiefel ist ein Statussymbol. Der spitze Damenschuh signalisiert weibliche Aggressionen. Der Schuh bringt die Einstellung des Menschen zum Ausdruck; zu beachten ist der Zustand des Schuhs.

Die Schule

Die Bilder von Schule, Schulaufgaben oder Prüfungen, die bereits längst abgelegt wurden, weisen das Unbewußte auf vergleichbare Situationen im Leben hin. Das Unbewußte erinnert daran, daß das ganze Leben ein einziger Lernprozeß ist.

Das Schwein

In Urzeiten war das Schwein der Begleiter der Göttin. Sie war auch die Schutzgöttin der natürlichen Geschlechtlichkeit des Menschen. Im Volksmund hat das Schwein die Bedeutung eines Glückssymbols. Nur in wenigen Fällen hat das Schwein in der Imagination die Bedeutung eines Sexualsymbols. Das Schwein ist ein Symbol für geistige Potenz oder für schöpferische Kraft.

Das Schwert

Das Schwert ist ein Kampfinstrument und symbolisiert männliche Kraft und Tapferkeit. Es ist aber auch ein Symbol für die Schrecken des Krieges. Da das Schwert außerdem ein Instrument des Trennens ist, ist es auch ein Symbol für Entscheidung und Trennung von Gut und Böse. So ist das Schwert auch ein Symbol der Gerechtigkeit. Im Bild der Justitia mit Schwert und Waage hat das Schwert diese Bedeutung. In der Imagination hat das Schwert die Bedeutung des Unterscheidens und des Aufspaltens psychischer Inhalte zum Zwecke der Bewußtwerdung.

Der See Der See oder der Teich wird oft als aufgeschlagenes Auge der Erde gedeutet. In den Mythen gilt er als Ort des Aufenthaltes von Nymphen, Feen und Wassermännern. In der Imagination ist er ein Sinnbild des Unbewußten.

Die Sichel Wegen der Gestalt wird die Sichel mit der Mondsichel verglichen. Die Sichel ist ein Symbol der sich jedes Jahr ergebenden Ernte. So ist die Sichel Symbol der Zeit und auch des Todes, da die Ernte jedes Jahr geschnitten wird. Die Sichel ist also auch ein Symbol der Hoffnung und Erneuerung.

Das Silber Das Silber ist ein Edelmetall und hat die Farbe des Mondes. So hat in der christlichen Vorstellung das Silber die Bedeutung von Reinheit. Das Silber steht auch als Symbol für das weibliche Prinzip, während das Gold dem männlichen Prinzip zugeordnet wird. In den Psalmen wird das Wort Gottes mit Silber verglichen.

Der Skarabäus Der Skarabäus ist ein ägyptischer Mistkäfer. Er formt aus Dung Kugeln, in die er Eier legt und die er in die Erde versenkt. Die scheinbare Entstehung des Mistkäfers aus den Kugeln machte ihn zu einem sonnenhaften Tier und zu einem Symbol für Auferstehung. So ist der Käfer zu einem Symbol für Unsterblichkeit und schöpferische Kraft geworden.

Der Skorpion Der Skorpion ist ein tödlicher Feind des Menschen. In Ägypten war der Skorpion ein heiliges Tier, das gefürchtet wurde. In der Bibel erscheint der Skorpion als Symbol für den Teufel. Der Skorpion ist das 8. Zeichen des Tierkreises.

Der Smaragd Er hat teil an der Bedeutung der Farbe Grün. Rot und Grün gelten bei den Indianern als Ausdruck der Lebenskraft, des Regens und des Mondes. Auch in Europa steht der Smaragd wegen seiner Farbe mit Fruchtbarkeit, dem Frühling, dem Feuchten und dem Mond in Beziehung. In

Rom war der Smaragd ein Attribut der Venus. Gemäß der Offenbarung des Johannes gehört der Smaragd zu den Steinen des himmlischen Jerusalems. Der Smaragd wurde als hochwirksamer Talisman angesehen. In der Kirche ist er ein Symbol für Reinheit, Glaube, Unsterblichkeit. In der Imagination bedeutet der Smaragd geistigen Fortschritt.

Die Sonne

Die Sonne ist für viele Völker das wichtigste Symbol. Die Sonne ist die Offenbarung einer Gottheit. Die Sonne ist unsterblich, denn sie erscheint jeden Morgen neu. Die Sonne ist die Quelle des Lichtes, und ohne die Sonne ist kein Leben auf der Erde möglich. In China galt die Sonne im Gegensatz zum Mond als Ausdruck des Prinzips Yang, des männlichen Prinzips. Die Sonne gehört zu den positivsten Imaginationssymbolen. Sie bringt schöpferische Energien zum Ausdruck. Sie löst Bewußtseins- und Entfaltungsprozesse aus.

Der Speer Siehe Lanze.

Der Spiegel Der Spiegel ist ein Symbol für Selbsterkenntnis, Bewußtsein, Klarheit, Erkenntnis und reflektierendes Denken. Der Spiegel ist auch Symbol für die Schöpfung, die die göttliche Existenz »widerspiegelt«. Da der Spiegel passive Funktion hat, wird er auch als Symbol des Weiblichen angesehen. In der Imagination ist der Spiegel ein Seelenspiegel. Er zeigt dem Menschen unbewußte Seiten seiner Persönlichkeit.

Die Spinne Die Spinne ist ein Symbol mit sehr gegensätzlicher Bedeutung. Wegen des kunstvoll angelegten Netzes und der zentralen Position mit der Spinne darin war diese in Indien das Symbol der kosmischen Ordnung. Die Spinne wurde als Weberin der Sinneswelt angesehen. Da die Spinne den Faden aus sich selbst entwickelt, wie die Sonne ihre Strahlen, galt sie auch als Sonnensymbol. Da die Spinne sogar an dem von ihr gesponnenen Faden entlang laufen kann, wird sie in den alten indischen Schriften der Upanischaden als Symbol der Selbstbefreiung genannt. Die Spinne ist aber auch ein Angstsymbol, da die Insekten, die sich im Netz der Spinne verfangen, von ihr getötet werden. In dieser Bedeutung gesehen, haben Spinnen im Traum und in der Imagination die Bedeutung eines Gefahrensignals.

Die Spirale

Die Spirale war schon in vorgeschichtlicher Zeit ein Motiv. Sie symbolisiert zyklische Entwicklung, Wiederkehr, Erneuerung. Die Spirale ist ein Symbol psychischer Dynamik. Im Gegensatz zur Kreisbewegung führt die Bewegung der Spirale in ein Zentrum. In der Imagination ist die Spirale ein sehr positives Symbol. Als Kreis ist die Spirale ein Ordnungssymbol. Doch wegen der kreisförmigen Bewegung, die immer vom Ausgangspunkt zu sich zurückkehrt, erfolgt die Rückkehr bei der Spirale zum Ausgangsort auf einer höheren Stufe. Mit der Bewegung der Spirale werden neue Dimensionen erreicht. In der Imagination bedeutet es, daß ein seelischer Stillstand zu Ende ist und ein schöpferischer Werdeprozeß beginnt.

Der Stab

Der Stab leitet sich vom Baum ab. Er gibt Fruchtbarkeit und Leben. Er dient zur Abwehr von Dämonen und des Bösen. Als Zauberstab vermag er Wunder zu bewirken. So ist der Stab auch Symbol für Macht und magisches Wissen. In der Imagination kann er aber auch phallische Bedeutung haben.

Die Stadt

Die Stadt ist eine geordnete Wohnstätte und zugleich ein Symbol der Ordnung. Das Bild der Stadt oder der Heimatstadt ist ein Bereich der Psyche, der die Beziehung zur Umwelt beinhaltet.

Der Stein

Der Stein spielt symbolisch in vielen Kulturen eine Rolle. Meteoriten werden als vom Himmel gefallene Steine verehrt. Wegen seiner Beständigkeit, Härte und Unveränderlichkeit wird der Stein mit dem Ewigen bzw. mit ewigen Mächten in Beziehung gebracht. In der Imagination kann der Stein aber auch auf Verhärtungen hinweisen.

Der Steinbock

Der Steinbock ist das 10. Zeichen des Tierkreises. Der Steinbock wird dem Erdelement zugerechnet.

Der Stern

Die Sterne sind Lichter am nächtlichen Himmel. So ist der Stern ein Symbol für das geistige Licht, das die Finsternis durchdringt. Der Stern ist auch ein Ideal. Wenn der Volksmund davon spricht: »Er greift nach den Sternen«, so wird damit gemeint, daß die Ideale zu hoch gesetzt sind. Die Bewegungen der Sterne symbolisieren die harmonische Aktion göttlicher Mächte.

Das Steuerrad

Das Steuerrad ist ein Symbol für Verantwortung, Autorität, Lebenslenkung und höhere Weisheit.

Der Stier

Im Altertum war der Stier heilig. Der Stier ist das Symbol der männlichen aktiven Kraft und der Potenz. In der Imagination hat der Stier auch diese Bedeutung. Es gilt aber, die psychischen Energien zu zähmen.

Der Storch

Die Bibel zählt den Storch zu den unreinen Tieren. Der Volksmund kennt ihn als Kinderbringer deshalb, weil er zur Zeit der erwachenden Natur jährlich zurückkehrt. Sein ruhiges Stehen auf einem Bein, das ihn nachdenklich wirken läßt, macht ihn auch zum Symbol der philosophischen Kontemplation.

Die Straße

Die Straße oder der Weg ist ein Symbol des Lebensweges des Menschen. Diese Bedeutung kommt der Straße bzw. dem Weg auch in der Imagination zu. Kreuzwege oder Gabelungen bedeuten eine notwendige Entscheidung. Wegweiser sind Hinweise für eine neue geistige Orientierung. In der Imagination sind alle Besonderheiten des Weges von Bedeutung.

Der Strauß

Im alten Ägypten waren die Straußenfedern Symbole der Gerechtigkeit und der Wahrheit. Der Strauß steckt angeblich seinen Kopf in den Sand. Die symbolische Bedeutung gilt heute für Menschen, die vor unangenehmen Tatsachen die Augen verschließen.

Der Sumpf

Die Bedeutung des Sumpfes ist zweifach. Im Sumpf entwickelt sich eine üppige Vegetation. Der Wanderer kann aber auch im Sumpf versinken. In Märchen und Sagen ist der Sumpf der Platz, wo Dämonen und Hexen hausen. Der Sumpf kann in der Imagination eine üppige Phantasie bedeuten. Das Bild warnt in der Imagination davor, nicht im Sumpf zu versinken. So ist der Sumpf ein Gefahrensymbol.

T

Der Tanz

Der Tanz ist eine rhythmische und ekstatische Bewegung, die in vielen Kulturen auch als ritueller Tanz praktiziert wird. Er ist aber auch Ausdruck der Freude. Im ägyptischen Totenkult war der Tanz Ausdruck der Auferstehungshoffnung. Der Tanz ist eine der ältesten symbolischen Ausdrucksweisen des Menschen. Die modernen Tänze haben dieselbe Bedeutung wie die rituellen Tänze der Primitiven. In der Imagination weist der Tanz darauf hin, daß psychische Energien zum Fließen gebracht und bestimmte Vorstellungen mit Kraft erfüllt werden.

Der Tarot

Der Tarot, auch als Tarock bezeichnet, besteht aus 22 Karten des großen Arkana und 56 Karten des kleinen Arkana. Die 22 Karten des großen Arkana stellen 22 Bewußtseinsstufen in der menschlichen Entwicklung durch symbolische Bilder dar.

Die Taube

Der Taube wird heute die Bedeutung eines Friedenszeichens unterschoben, wenn sie auf Zeichnungen erscheint. Damit ist sie kein echtes Symbol mehr, denn eine wirkliche Symbolwirkung erfolgt unbewußt. Im Alten Testament erscheint die Taube Noah mit einem Ölzweig, um das Ende der Sintflut zu verkünden. Dort war die Taube ein Erneuerungs- und ein Glückssymbol. Denn wegen der Nachricht verläßt Noah die Arche und schafft eine neue Kultur. Das Mittelalter knüpft an diese Bedeutung der Taube an, und sie wird zum Symbol des Heiligen Geistes. In der Antike gehört die Taube zur Liebesgöttin Aphrodite (Venus). Dort wird die Taube zum Zeichen geistiger Verbundenheit. In der Imagination symbolisiert die Taube schöpferische Gedanken aus geistiger Verbundenheit.

Die Taufe Die Taufe ist eine rituelle Waschung durch Eintauchen oder durch Besprengen mit Wasser im Sinne einer geistigen Reinigung. Die Taufe spielt bei Geburts- und Todesriten oder Initiationen eine Rolle. Die Taufe ist ein Symbol seelischer Reinigung. In der Imagination symbolisiert die Taufe Reinigung von Fehlhaltungen, Wandlung und Neuorientierung.

Der Teich Siehe See.

Der Tempel In Urzeiten war der Tempel die Wohnung der Götter. Der Tempel entspricht in der symbolischen Bedeutung weitgehend der des Hauses. Der Tempel ist Asyl für Schutzsuchende, Orakel- und Heilstätte.

Der Teufel Der Teufel ist ein Symbol der Kräfte, die Verwirrung bringen und die Person des Menschen desintegrieren. In der Imagination kann er Verdrängungen signalisieren, vor deren Bewußtmachung sich der Mensch scheut. Er kann aber auch in der

Imagination erscheinen, wenn religiöse Probleme verdrängt worden sind. Die Frage nach dem Lebenssinn ist notwendig für psychisches Gleichgewicht.

Der Tierkreis

Der Tierkreis, auch Zodiakus genannt, ist die Zone beiderseits der Ekliptik von 16° Breite, innerhalb welcher sich die Sonne, der Mond und die Planeten in ihrer scheinbaren Bahn bewegen. Die Zone wird seit den Anfängen der Astrologie und der Astronomie in 12 Tierkreissternbilder eingeteilt.

Der Tiger

Der Tiger ist ein Symbol von Kraft und Weisheit. Die Bedeutung kann positiv oder negativ sein. Im Buddhismus ist der Tiger, der sich seinen Weg durch den Dschungel bahnt, ein Symbol für geistige Anstrengung. Da er sich auch in der Dunkelheit orientiert, ist er ein Symbol des inneren Lichtes. Als Raubtier versinnbildlicht er unkontrollierte Triebkräfte. Wird der Tiger in der

Imagination gezähmt, so ist das ein sehr positives Zeichen. Vorwiegend erscheint der Tiger in der Imagination als Symbol für unkontrollierte Kräfte.

Die Toilette

Das Symbol hat nur selten eine sexuelle Bedeutung. In der Imagination weist das Symbol auf eine Entlastung im psychischen Bereich von bereits verarbeiteten Problemen hin.

Der Tod

Der Tod hat für die Psyche die Bedeutung eines Wandlungsvorganges. Daher hat das Bild des Todes in der Imagination nichts mit dem Lebensende zu tun.

Der Topf

In der Mythologie der Urvölker symbolisiert der Topf den mütterlichen Uterus. So hat der Topf bei einigen Völkern die Bedeutung der Mutter Gottheit. In der Imagination weist der Topf auf Unbewußtes hin.

Die Traube

Die Verwandlung der Traube in den Wein wurde in Beziehung mit der Verwandlung der Natur vom Winter zum Frühjahr gebracht. In der Imagination hat die Traube die Bedeutung eines Wandlungssymbols, das positiv ist.

Die Treppe

Die Treppe verbindet die verschiedenen Etagen eines Hauses. Je nach der Bewegung auf der Treppe kann sie aufwärts oder abwärts gerichtete Tendenzen zum Ausdruck bringen. Der Aufstieg symbolisiert das Aufsteigen zu einer höheren Bewußtseinsstufe.

Die Tür

Die Tür ist ein Symbol der Abgrenzung, aber auch des Übergangs zwischen zwei verschiedenen Bereichen. Die Tür ist auch Symbol für den Übergang vom Diesseits zum Jenseits. Ist die Tür in der Imagination offen oder verschlossen, so zeigt das dem Imaginierenden sein Verhältnis zu einem Problem. Fehlt die Tür, so ist das eine Aufforderung, das Problem von allen Seiten zu betrachten.

Der Turm Der Turm ist ein Symbol für Erhöhung über das tägliche Niveau. Der Leuchtturm ist schon seit der Zeit des frühen Christentums ein Symbol für das ewige Ziel, das das Lebensschiff auf den Wellen des Lebens ansteuert.

U

Die Überschwemmung Eine Überschwemmung ist gegeben, wenn das Wasser über die Ufer tritt. Symbolisch ist damit die Überschwemmung des Bewußtseins durch das Unbewußte gemeint. Diese Bedeutung hat sie auch in der Imagination. Das kann sich auf Gefühle oder Phantasien beziehen.

Das Ufo Die Ufos sind Weltraumschiffe von fernen Sternen, wie die Medien ab und zu berichten. C.G. Jung sah darin Ganzheitssymbole, die von kollektivpsychischen Projektionen geschaffen werden. Er sah darin Tendenzen, die innere Gespaltenheit zu überwinden. Erscheinen Ufos in der Imagination, so sind dies Ahnungen von kreativen Gedanken, die dem Imaginierenden zufliegen werden. Imaginationen von Fahrten in Ufos signalisieren eine Entfernung von der Wirklichkeit oder eine Überbetonung des Ich-Bewußtseins.

Die Uhr

Die Uhr gibt die Lebenszeit an, die verrinnt. Taucht in der Imagination eine Uhr auf, so soll sie den Menschen an seine Aufgaben in der kurzen Lebenszeit erinnern.

V

Der Vampir

Der Vampir oder die Fledermaus bedeuten in der Imagination verdrängte seelische Inhalte, die den Imaginierenden bedrohen.

Der Vater

Der Vater ist ein Symbol für Autorität und Ordnung. In der Imagination von Frauen bedeutet das Bild den inneren Mann, Animus, der in der Frau ist. Er kann die Frau zu Mut, Tatkraft und Verinnerlichung führen. Bei jüngeren Menschen ist der Vater Ausdruck des Generationskonfliktes. Eine Deutung des Vaterbildes in der Imagination ist nur aus dem Gesamtzusammenhang möglich.

Der Vogel

Da der Vogel in der Luft lebt, die als Bereich des Geistigen angesehen wird, hat der Vogel die symbolische Bedeutung der Seele. Vögel in der Imagination bringen geistige Inhalte zum Ausdruck.

W

Die Waage

Die Waage ist ein Symbol der Gerechtigkeit und des Gleichgewichtes.

Der Wald

Im Glauben vieler Völker hat der Wald die Bedeutung eines heiligen Bereichs, in dem Götter, Geister, Dämonen und Feen wohnen. Heilige Haine gibt es in vielen Kulturen. Der Wald ist der Ort der Abgeschiedenheit, in dem Eremiten und Asketen wohnen. So ist der Wald ein Symbol für Abgeschiedenheit und Konzentration. In der Imagination symbolisiert der Wald das Unbewußte.

Das Wasser

Das Wasser ist ein weibliches Symbol. In Mythen und Märchen wird es von weiblichen Gottheiten bevölkert. Das Leben hat seinen Ursprung im Wasser. Das Wasser ist das Symbol jedes Lebens. In der Imagination hat das Wasser die Bedeutung von psychischer Energie.

Der Wein

Siehe Traube.

Die Wiese

Die Wiese symbolisiert in der Imagination Wachstum und Fortschritt. Das Grün zeigt zwar den Zustand des Wachsens an, aber noch nicht der Reife. In der Imagination muß die Bedeutung der Wiese vor dem Gesamthintergrund interpretiert werden.

Der Wind

Der Wind wurde von den Urvölkern als Atem der Erde aufgefaßt. Da der Wind keine grobe Stofflichkeit hat, sah man in ihm eine höhere Macht. Manche Völker kennen Windgeister. Wegen seiner Nichtfaßbarkeit und des ständigen Wechsels ist der Wind ein Symbol für Unbeständigkeit und Flüchtigkeit.

Die Wolke

Die Wolken wirken geheimnisvoll und verschleiernd. Da die Wolke die Berggipfel umhüllt, wird sie auch als Teil des Himmels und Wohnsitz der Götter gedeutet. In der Imagination kann die Reise auf einer Wolke ein Symbol für neue Einsichten sein.

Die Wüste

Die Bibel erwähnt die Wüste im Zusammenhang mit Verlassenheit und Gottferne. Die Wüste ist aber auch der Ort, wo sich Gott zeigt. In der

Imagination ist die Wüste fast nur der Ausdruck geistiger und seelischer Stagnation.

Y

Yin und Yang

Nach der chinesischen Philosophie sind Yin und Yang zwei gegensätzliche kosmologische Prinzipien. Dem Prinzip Yin entspricht das Weibliche, Negative, Dunkle, die Passivität, die Erde, das Feuchte und die unterbrochene Linie. Dem Prinzip Yang entspricht das Positive, Männliche, Helle, der Himmel, das Trockene, die ununterbrochene Linie. Die beiden Prinzipien stellen Polaritäten dar, die aus der Einheit des ursprünglichen Anfangs auseinandergebrochen sind. Beide Prinzipien werden durch einen Kreis dargestellt, der durch eine Linie aufgeteilt wird. Das eine Feld ist dunkel, das andere Feld ist hell. Jedes Feld trägt einen Punkt von der Farbe des anderen Feldes. Dadurch wird die ge-

genseitige Abhängigkeit der Prinzipien zum Ausdruck gebracht. Die Prinzipien Yin und Yang beeinflussen sich gegenseitig. Das erfolgt wechselseitig zu- und abnehmend in bestimmten Zeitabschnitten.

Z

Die Zähne

Zähne haben die Aufgabe, Nahrung zu ergreifen und zu zerkleinern. Eine Imagination von Zähnen bedeutet Lebensvitalität, Zahnausfall dagegen Potenzverlust.

Die Zunge

Mit der Zunge vermag der Mensch zu sprechen und sich auszudrücken. Daher symbolisiert die Zunge in der Imagination schöpferische und geistige Prozesse.

Der Zwerg

Im Märchen sind die Zwerge Erdgeister, die den Menschen helfen, die aber manchmal auch boshaft sind. In der Imagination sind Zwerge Bilder für schwer durchschaubare Aktivitäten des Unbewußten.

LESERDIENST

Setzen Sie die im Buch beschriebenen Techniken in die Tat um.

Nun weiß ich aus Erfahrung, daß eine große Anzahl von Lesern meiner Bücher daran interessiert ist, die erforderlichen Techniken zu erlernen und zu üben. Diese Möglichkeit bieten Ihnen Wochenendseminare, die im *APE-Institut für Angewandte Psychologie und Esoterik GmbH* durchgeführt werden.

Beim Intensivtraining lernen Sie, wie Sie die Macht Ihres Unterbewußtseins und die großen Möglichkeiten Ihres Tiefenbewußtseins nutzen können und wie Sie konsequent erfolgreiche Techniken zum Erreichen Ihrer Ziele anwenden. Mit Hilfe der Ihnen beim Intensivtraining vermittelten bewährten Techniken entfalten Sie die in Ihnen verborgenen Kräfte und Fähigkeiten, und Sie verwirklichen Ihre Wünsche. Neben dem Intensivtraining werden auch Seminare wie z.B. Meditationen, Kontakttraining (Freunde gewinnen) und andere durchgeführt.

Solche Wochenendseminare sind schon von vielen Menschen aus allen Bevölkerungsschichten besucht worden. (Übrigens werden auch Seminare in der Schweiz durchgeführt.)

Viele Dankschreiben sprechen für den Erfolg der Seminare. Da die Hilfestellung immer auf die Person des Seminarteilnehmers und seine individuellen Lebensumstände aufbaut, können die Arbeitstechniken besonders gut vermittelt werden.

In Verbindung mit einem Seminar helfen Ihnen ein persönliches Gespräch und eine individuelle Beratung ganz besonders. Der Wunsch ist verständlich, denn nicht jeder Teilnehmer wird, selbst in der besten Atmosphäre der Seminarrunde, all das sagen wollen, was ihn zutiefst bewegt. Das persönliche Gespräch hilft Ihnen, ein Problem zu lösen oder in einer wichtigen Angelegenheit die richtige Entscheidung zu treffen.

Unterlagen über die verschiedenen Seminare werden Ihnen gern kostenlos und unverbindlich zugesandt. Bitte schreiben Sie dazu an folgende Anschrift:

APU-Institut für Angewandte Psychologie
und Unternehmensberatung GmbH
Postfach 21 03 46
D-51629 Gummersbach

Oder rufen Sie an: *Tel.: 0 22 61/5 15 49*

IHRE PERSÖNLICHKEITS-ANALYSE

Wissen Sie, daß Sie einzigartig sind? Wissen Sie, worauf Sie angelegt sind? Leben Sie Ihr Leben, oder haben Sie sich durch die Umwelt davon abbringen lassen? Ihre *Persönlichkeitsanalyse* ermöglicht Ihnen einen neuen Zugang zu sich selbst. Ein ganz spezifisch auf Sie bezogenes Geburtshoroskop zeigt Ihnen Ihr wahres Wesen und macht Ihnen bewußt, welche besondere Bedeutung Ihr Leben hat. Sie erkennen, welche Ihrer Wesenskräfte harmonieren und welche Herausforderungen und besonderen Entwicklungsmöglichkeiten sie darstellen.

Sie erfahren Einzelheiten über Ihre Begabungen, Neigungen, Erfolgsmöglichkeiten, beruflichen Chancen und Ihre Gefühle. Die Aussagen über Sie betragen etwa 10 DIN-A4-Seiten. Ihre *Persönlichkeitsanalyse* hilft Ihnen, Ihren individuellen Weg zur Selbstentfaltung und Persönlichkeitsentwicklung zu gehen.

Die Kosten für die *Persönlichkeitsanalyse* betragen DM 50,–(Vorauskasse). Teilen Sie dazu
Geburtsdatum, Geburtszeit und Geburtsort
(bitte auch den Namen der in der Nähe gelegenen größeren Stadt) mit.

IHRE PARTNERSCHAFTS-ANALYSE

Hier noch eine weitere Möglichkeit für Sie:

Eine *Partnerschaftsanalyse* Ihrer Liebesbeziehung legt Ihnen die verborgenen Bereiche Ihrer Beziehung zum anderen offen. Die Analyse legt dar, ob Sie sich gegenseitig ergänzen und ob Sie zueinander passen. Sie erfahren, welche Konfliktbereiche und welches Potential gegenseitiger Entwicklung die Beziehung birgt.

Sie können auch eine *Partnerschaftsanalyse* für Kontakte gegenüber anderen wie z. B. *Freunden, Kunden, Eltern, Kindern, Geschäftspartnern* usw. bestellen. Die Kosten für die *Partnerschaftsanalyse* betragen DM 110,– (Vorauskasse). Teilen Sie dazu
Geburtsdatum, Geburtszeit und Geburtsort
(bitte auch den Namen der in der Nähe gelegenen größeren Stadt) *beider* Partner mit.

LITERATURVERZEICHNIS

Das Mandala-Bild von J. Stobie wurde dem Werk »Das große Mandala Buch« von Argüelles entnommen. Der Abdruck erfolgte mit freundlicher Genehmigung des Aurum Verlags, Freiburg im Breisgau.

Argüelles, José und Miriam: Das große Mandala Buch. Aurum Verlag, Freiburg im Breisgau 1984.

Govinda, Lama Anagarika: Schöpferische Meditation und multidimensionales Bewußtsein. Aurum Verlag, Freiburg im Breisgau 1977.

Jacobi, Jolande: Die Psychologie von C.G. Jung. Fischer Verlag, Frankfurt am Main 1984.

Jung, Carl Gustav: Der Mensch und seine Symbole. Walter Verlag, Olten und Freiburg im Breisgau 1981.

Jung, Carl Gustav, und Wilhelm, Rudolf: Das Geheimnis der goldenen Blüte. Walter Verlag, Olten und Freiburg im Breisgau 1984.

Kast, Verena: Märchen als Therapie. Walter Verlag, Olten 1986.

Ryborz, Heinz: Die geheime Kraft Ihrer Wünsche. Oesch Verlag, Zürich, 4. Auflage 1988.

– Entspannt durch Bewußtseinstraining. Econ Verlag, Düsseldorf 1973.

– Jeder kann es schaffen. Oesch Verlag, Zürich, 3. Auflage 1988.
– Lebe besser, lebe gern. Schweizer Verlagshaus, Zürich 1987.
– Wer ist Dein Freund, wer ist Dein Feind? Wie man Menschen besser erkennt. Schweizer Verlagshaus, Zürich 1985.
– Menschen erkennen, durchschauen, verstehen. Oesch Verlag, Zürich 1988.
– Die Kunst zu überzeugen. Ariston Verlag, Genf, 3. Auflage 1983.
– Wie Sie die universellen Kräfte Ihrer Psyche nutzen. Goldmann Verlag, München, 4. Auflage 1987.
– Die Kunst, Ihr Leben zu meistern. Goldmann Verlag, München, 5. Auflage 1988.
– Das Abenteuer, sinnvoll zu leben. Ariston Verlag, Genf 1984.

Band 60355

Sam Keen

Die Lust, ich zu sein

Die letzten Jahrzehnte waren für die Menschen ein Aufbruch in die Ratlosigkeit. Während alte Weltbilder zerfielen, haben sich neue Heilslehren als untauglich erwiesen, egal, ob sie von religiösen Fundamentalisten, New-Age-Predigern oder neokonservativen Politikern vorgebracht wurden.

Sam Keen, der große amerikanische Philosoph und Psychologe, ermutigt den Leser, nicht irgendwelchen modischen Ideologien nachzujagen, sondern sich auf ein viel größeres Abenteuer einzulassen: die Lust, das eigene Selbst zu begreifen. Ohne für einen namenlosen Individualismus zu plädieren, wird der Diskurs über Liebe, Zeit, Gott und Tod zu einer aufregenden Entdeckungsreise.

BASTEI LÜBBE